»Adresse unbekannt« im Unterricht

INHALTSANGABE

u.1

Der Roman beginnt am 27. November um 00:05 Uhr mit der Befragung des fast 13-jährigen Felix Fredrik Knutsson durch Constable Lee auf einer Polizeiwache. Felix hatte nach einem Vorfall selbst die Polizei gerufen. Er gibt einen Überblick über die vielen Wohnorte, die er mit seiner Mutter Astrid Anna Knutsson bislang bewohnt hat. Doch Constable Lee vermerkt schließlich: OFW – ohne festen Wohnsitz.

Rückblick. Im August ziehen Felix und Astrid mit der Rennmaus Horatio in einen Minibus und campen an verschiedenen Orten. Astrid hofft, bald einen Job zu finden, während Felix die siebte Klasse der Blenheim Public School in Kitsilano besuchen soll. Felix beschreibt verschiedene Arten von Lügen, die sie anwenden müssen, um ihre Situation zu verbergen, insbesondere bei der bevorstehenden Schulanmeldung.

Im September meldet Astrid Felix in der Schule an, wobei sie einen Adressnachweis von ihrem ehemaligen Liebhaber Mr. Poplowski erpresst und fälscht. Sie beschließen, ihre Obdachlosigkeit geheim zu halten, um das Ministerium für Kinder- und Familienentwicklung (MKFE) nicht zu alarmieren. Felix und Astrid verbringen den Tag vor Schulbeginn heimlich im Haus einer Freundin. Am ersten Schultag trifft Felix dann auf seinen alten Freund Dylan Brinkerhoff und die Mitschülerin Winnie Wu.

Felix, Dylan und Winnie beteiligen sich an der Schülerzeitung und verbringen Zeit miteinander. Derweil suchen Astrid und Felix immer wieder neue Standorte für den Minibus. Ende September erscheint die Schülerzeitung mit Artikeln von Felix und Dylan, die gelobt werden, während Winnie für ihren Artikel Spott ertragen muss. Kurz darauf verliert Astrid ihren neuen Job in einem Café und die Aussicht auf eine Wohnung schwindet.

Im Oktober verfällt Astrid in eine Krise, die drei Tage andauert. Felix besucht weiterhin die Schule und freundet sich immer mehr mit Winnie an. Sie entscheiden, über den Obdachlosen Bob den Barden zu schreiben. Felix verbringt auch Zeit bei Dylan und bewirbt sich mit ihm und Winnie für die Junior-Ausgabe der Quizshow »Wer, Was, Wo, Wann«. Eines Tages beobachtet Felix Astrid beim Stehlen, was ihn schockiert und dazu veranlasst, ein Kassenbuch zu führen, um die Schulden später zu begleichen.

Als das Wetter schlechter wird, ziehen Felix und Astrid heimlich in eine leerstehende Garage. Felix nimmt am Schulball mit Winnie teil, was ihn dazu bringt, sich seine Gefühle für sie einzugestehen. Nach dem Ball wird Felix zur Quizshow eingeladen. Doch werden sie jetzt in der Garage entdeckt.

Felix weiht Dylan und Winnie schließlich in seine Obdachlosigkeit ein. Astrid hat derweil erneut eine Krise und Felix muss sich allein durchschlagen, was in einem Ladendiebstahl endet. Astrid telefoniert mit Felix' Vater Daniel und Felix verabredet sich mit ihm in einem Café. Doch bringt er es nicht über sich, ihm seine Probleme zu offenbaren.

Felix qualifiziert sich für die Quizshow und bereitet sich intensiv darauf vor. Währenddessen wird Astrid beim Diebstahl eines Heizlüfters erwischt und die Rennmaus Horatio erfriert im Minibus.

Es ist wieder der 27. November. Felix und Astrid dürfen die Polizeiwache verlassen. Felix gewinnt das Finale der Quizshow und legt vor laufender Kamera ein Geständnis über die letzten Monate ab. Das Publikum ist geschockt. Felix flieht also erneut und kehrt ins Hotel zurück.

Zwei Wochen später, in einem Fastfoodrestaurant, reflektiert Felix über die Weihnachtsgeschenke, die er und seine Freunde sich gemacht haben. Er arbeitet jetzt zweimal die Woche für Mr. Ahmadi und auch Astrid hat eine Teilzeitstelle an der Emily-Carr-Universität in Aussicht. Außerdem wartet ab Januar eine eigene Wohnung auf die beiden.

In ihrem Roman »Adresse unbekannt« erzählt die Autorin Susin Nielsen die Geschichte einer alleinerziehenden Mutter in Vancouver/Kanada, die krankheits- und gesellschaftsbedingt mit ihrem Sohn in Obdachlosigkeit und Kriminalität rutscht. Doch dank einer Quizshow sowie Freunden und Bekannten gelingt ihr schließlich die Wende. Mit ihrem aufwühlenden Roman übt die Autorin deutliche Kritik an Gesellschaft, Kapitalismus und Medien, sodass die jugendlichen Leser:innen am Ende ihr eigenes Verhalten hinterfragen dürften: Wie begegne ich meinen Mitmenschen? Und wie verhalte ich mich in den sozialen Netzwerken?

DIDAKTISCHES PROFIL DES JUGENDROMANS

Wie jeder andere Unterricht auch muss die Behandlung eines Jugendbuchs einerseits an die Lernvoraussetzungen der Schüler:innen anknüpfen und damit assimilative Aspekte bieten, andererseits auch zusätzliche Anforderungen an das Verstehen stellen. Das didaktische Potenzial des Romans als Unterrichtslektüre liegt damit in der Verknüpfung von vertrauten, assimilativen und eher neuen, akkommodativen Aspekten. Vertraute Charakteristika des Textes sorgen dafür, dass die Schüler:innen von sich aus einen Zugang zum Text finden können und dass Anknüpfungsmöglichkeiten für eine eigene Textdeutung vorhanden sind (Assimilation). Dieser Aspekt betrifft das lesefördernde Potenzial. Neue, zusätzliche Anforderungen, die der Text an ein Verstehen der Schüler:innen stellt, betreffen eher den Bereich des literarischen Lernens. Im Überblick lässt sich das didaktische Profil von »Adresse unbekannt« folgendermaßen darstellen:

Dimension des Textes	Das Vertraute: Möglichkeit zur Assimilation (Leseförderung)	Das Neue: Notwendigkeit zur Akkommodation (literarisches Lernen)
Wirklichkeitsbezug	▶ Fiktive Geschichte mit Realitätsbezügen	▶ Schauplatz (Kanada)
Thematik	▶ Freundschaft, Sexualität, Liebe ▶ Quizshow	▶ Obdachlosigkeit ▶ Evtl. Depression ▶ Sexuelle Übergriffigkeit
Figuren	▶ Positive Identifikationsangebote für Mädchen und Jungen, v.a. durch Dylan und Winnie ▶ Negative Identifikationsangebote, v.a. durch Donald	▶ Umgang mit ambivalenten Figuren, v.a. Astrid und evtl. Daniel
Sprache/Stil	▶ Intertextuelle Bezüge ▶ Spannungsbögen	▶ Motiv des Inseldaseins ▶ Evtl. Stilmittel
Literarische Formelemente/ Erzählkonzept	▶ Teile und Kapitel ▶ Textsorten	▶ Bildungsroman

Die Übersicht verdeutlicht die gelungene Mischung aus lesefördernden Potenzial und Notwendigkeiten zur Akkommodation bestehender Verstehensschemata. Besonders geeignet ist »Adresse unbekannt« für die Klassenstufen 6 und 7. Die Stärke des Buchs als Unterrichtslektüre liegt inhaltlich in aufwühlenden Themen wie Obdachlosigkeit und Depression, jugendnahen Themen wie Freundschaft und Quizshows, wobei die Figuren vielfältige Identifikationsangebote für Schüler:innen bieten. Formal überzeugt das Buch als Bildungsroman mit dem Motiv des Inseldaseins, wobei die Strukturierung in Rahmenhandlung und Binnenerzählung mit ihrem jeweiligen Spannungsbogen die Leser:innen in

»Adresse unbekannt« im Unterricht © Beltz Verlag · Weinheim und Basel

ihren Bann zieht. Sprachlich interessant macht das Buch die Verwendung von Textsorten, intertextuellen Bezügen und Stilmitteln, wobei die Einteilung in (übersichtliche) Teile und (kürzere) Kapitel leseungewohnten Schüler:innen entgegenkommt und eine chronologische, an den Figuren und Themen orientierte Herangehensweise erlaubt, die sich über den Paratext, die Teile November, August, September, Oktober und wieder November an den ganzen Roman herantastet.

LITERARISCHES PROFIL DES JUGENDROMANS

Themen

Auf einer ersten Ebene beschäftigt sich der Roman mit dem Thema *Obdachlosigkeit*. Der Weg dorthin führt Felix stetig bergab vom Haus der Großmutter in New Westminster (S. 13) über die Eigentumswohnung in Kitsilano (S. 16), die Zwei-Zimmer-Mietwohnung beim Commercial Drive (S. 17), die Ein-Zimmer-Mietwohnung bei der Boundary Road (S. 18), Soleils Keller bei der Main Street (S. 23) zum Volkswagen Westfalia Minibus (S. 33). Der Absturz ist vonseiten Astrids sowohl unverschuldet (kleines Erbe: S. 15 f., hohe Reparaturkosten: S. 16 f.) als auch selbstverschuldet (Arbeitslosigkeit: S. 17 f., Verhalten: S. 24, wohl auch Krankheit: S. 93). Später geht es dann wieder bergauf vom Sunshine Inn in Downtown (S. 234) über das Cedar Motel außerhalb Vancouvers (S. 259) und Dylans Zimmer in Kitsilano bzw. Soleils Keller (S. 268) zur Mietwohnung auf dem Broadway (S. 268). Die Wende gelingt dank Felix' Sieg in der Quizshow und dank seiner Freund:innen und Bekannten (S. 263).

Auf einer zweiten Ebene widmet sich der Roman dem Thema *Freundschaft*. Mit Dylan freundet sich Felix in der dritten Klasse der Waterloo School an (S. 16), verliert ihn zwischenzeitlich wegen des Umzugs aus den Augen (S. 17), freundet sich mit ihm aber in der siebten Klasse der Blenheim Public School sofort wieder an (S. 58). Zweimal kommt es im Handlungsverlauf zum Streit zwischen Felix und Dylan, als Dylan ihm zu nahe kommt, aber auch wieder zur Versöhnung (S. 203 und 218 bzw. S. 207 und 248). An derselben Schule verliebt sich Felix allmählich in Winnie, die ihm gefällt (S. 99), die Gefühle der Nähe und Wärme auslöst (S. 123, 131), die er beim Schulball berührt (S. 132), von der er Daniel gegenüber schwärmt (S. 179) und die sich selbst als seine Freundin bezeichnet (S. 262). Hier kommt es dreimal zum Streit zwischen Felix und Winnie, als sie ihm zu nahe tritt, aber ebenfalls wieder zur Versöhnung (S. 144, 203, 218 bzw. S. 154, 207, 248). An Daniel nähert sich Felix auch wieder an, den er zaghaft erwähnt (S. 102), mit dem er telefoniert (S. 173), den er trifft (S. 177) und mit dem er in Kontakt bleibt (S. 249, 253). Vielleicht kommt es über Felix auch zur Wiederannäherung zwischen Astrid und Daniel (S. 261).

Auf einer zweiten Ebene befasst sich der Roman mit dem Thema *Depression*. Die Ursachen dafür liegen mit der Gewalt durch den Vater (S. 92), dem Aufenthalt in einer Pflegefamilie (S. 103) und dem Tod des Bruders (S. 93) in Astrids Kindheit. Seither nimmt sie Antidepressiva (S. 93), auf die sie aus Geldmangel zwischenzeitlich verzichtet (S. 167), die sie dank Sozialhilfe aber später wieder bekommt (S. 251). Dennoch bzw. deswegen hat Astrid im Handlungsverlauf drei Krisen (S. 96, 157, 209). Mit ihren Kindheitserfahrungen (Wahrheit verschweigen bzw. still ertragen: S. 103) hängt vielleicht auch zusammen, dass es Astrid mit der Wahrheit nicht so genau nimmt (S. 20) und über ein großes Arsenal an Lügen verfügt (»Astrids Ratgeber für Lügen aller Art«: S. 37–40), außerdem vielleicht beziehungsunfähig ist (Daniel verprellt: S. 39).

Auf einer vierten Ebene wendet sich der Roman dem Thema *Quizshow* zu. »Wer, Was, Wo, Wann« ist Felix' Lieblingssendung (S. 14), die seinem Merktalent entgegenkommt (S. 53) und von der eine Juniorausgabe geplant ist (S. 109). Dafür bewirbt sich Felix (S. 110), wird zum Vorsprechtermin eingeladen (S. 136) und als Kandidat ausgewählt (S. 185). Nach seinem Training (S. 206) gewinnt Felix die Vorrunde (S. 247) und erringt nach seiner Beobachtung der Konkurrenz (S. 251) den Gesamtsieg (S. 256).

Motive

Literarisch auffällig ist im Roman das *Motiv des erwünschten und verwünschten Inseldaseins*. Darin drückt sich ein Gegensatz zwischen drinnen und draußen aus, wie ihn auch Felix im Minibus erlebt: drinnen er und Astrid, draußen zum Beispiel Dylan, Winnie und Daniel. Von der jeweiligen Seelenlage hängt ab, ob das Inseldasein erwünscht ist oder verwünscht wird. Im August nimmt Felix das Leben im Minibus noch als großartig wahr (S. 33), im Oktober erscheint es ihm dann als furchtbar (S. 119): Abenteuer wurde Langeweile und Nähe wurde Enge. In der Literatur dient ein vorübergehender Inselaufenthalt häufig als Episode der Prüfung und Entscheidung, wie es auch bei Felix der Fall ist, der gegenüber Astrid zunehmend die Führung übernimmt (manifest im Streit: S. 174, 200) und sich für die Wahrheit gegenüber Dylan und Winnie entscheidet (S. 192) – was dem Inseldasein bzw. Leben im Minibus schließlich ein Ende setzt. Felix' Existenz schlägt damit eine andere Richtung ein: nicht weiter abwärts, sondern endlich aufwärts.

Figuren

Die Hauptfigur des Romas, *Felix Fredrik Knutsson*, benannt nach dem Bruder und dem Lieblingsmaler seiner Mutter (S. 91) und von ihr auch Lilla Gubben (S. 21) oder Böna (S. 33) genannt, ist fast 13 Jahre alt (S. 9) und halb schwedisch mütterlicherseits, zu je einem Viertel haitianisch und französisch väterlicherseits (S. 18). Er hat blonde Locken (S. 8) und trägt zu Beginn einen Minions-Schlafanzug (S. 8) sowie Gummistiefel (S. 9). Felix ist lange ohne festen Wohnsitz, zieht mit seiner Mutter in einem engen Volkswagen Westfalia Minibus umher (S. 33) und ist in seinem Leben bis maximal Victoria gekommen (S. 24). Er besucht ab September die siebte Klasse (S. 35) der Blenheim Public School (S. 43), wirkt an der Schülerzeitung Blenheimer Bote mit (S. 80 f.), geht mit seiner Mitschülerin Winnie zum Schulball (S. 122) und arbeitet später Teilzeit im Ahmadi Lebensmittelgeschäft (S. 269). In seiner Freizeit schaut Felix die Quizshow »Wer, Was, Wo, Wann« (S. 14), für die er sich bewirbt und die er dann gewinnt (S. 247), kümmert sich um seine Rennmaus Horatio (S. 21) und glaubt an den Hauswichtel Mel (S. 14). Er verfügt über ein ausgezeichnetes Gedächtnis (S. 11), hört auf sein »Super Herausragendes Inspektionstalent S.H.I.T.« (S. 7) und bekommt Schluckauf bei Aufregung (S. 52), denn er verabscheut Lügen bzw. ist ein schlechter Lügner (S. 10). Zweimal ergreift Felix die Flucht, als er beim Lügen erwischt wird (S. 189) bzw. die Wahrheit aus ihm herausgebrochen ist (S. 257).

Felix' Mutter *Astrid Anna Knutsson* ist 44 Jahre alt (S. 19). Sie hat lange blonde Haare (S. 19) und trägt am Anfang eine graue Jogginghose und ein bedrucktes T-Shirt (S. 230). Astrid hat fünf Jahre lang Französisch (S. 35), Anthropologie, Weltgeschichte und englische Literatur (S. 53) an der Universität Toronto (S. 169) studiert, aber nur am Ontario College of Art and Design einen Abschluss gemacht (S. 34). Sie hat an der Emily-Carr-Universität und in einem Versicherungsbüro (S. 14), in einer Fernsehproduktionsfirma (S. 16), als Kellnerin (S. 17, S. 59) und bei BC Hydro (S. 19) gearbeitet, ihre Jobs aber, teils selbstverschuldet, immer wieder verloren. Später hat Astrid einen Teilzeitjob wieder an der Emily-Carr-Universität (S. 269) in Aussicht. Sie verdreht die Wahrheit (S. 10) und kritisiert die Gesellschaftsordnung (z. B. S. 9). Astrid wurde von ihrem verhassten Vater geschlagen (S. 92), war mit zehn Jahren in einer Pflegefamilie (S. 103) und hat ihren geliebten Bruder verloren (Überdosis: S. 93). Seither leidet sie an Depressionen (S. 94), die sich in lähmenden Krisen äußern (S. 96, 157). Astrid wechselt öfter ihre Liebhaber (S. 18) und verprellt häufig ihre Freundinnen (S. 22). Felix sieht in Astrid einen tollen Menschen, aber eine schlechte Mutter (S. 182). Mehrmals kommt es zum Streit (Wohnsituation: S. 174, 200), aber auch wieder zur Versöhnung (S. 187, 213).

Felix' Vater *Daniel Palanquet* ist 42 Jahre alt (S. 169), väterlicherseits halb haitianisch und mütterlicherseits halb französisch (S. 178). Er ist muskulös und trägt einmal schwarze Jeans und eine schwarze Lederjacke (S. 177). Daniel hat früher mit seiner Freundin Astrid in einem Lagerhaus in Toronto (S. 169) und dann mit seinem Partner Yves in einem Haus in Cabbagetown (S. 170) gewohnt und lebt jetzt immer noch in Toronto (S. 228). Er hat ebenfalls am Ontario College of Art and Design studiert, wo ihm Astrid begegnet ist (S. 169; Samenspende: S. 172). Daniel hat früher als Galerieassistent gearbeitet (S. 172), schlägt sich jetzt als Barkeeper, Kulissenmaler und Hundesitter durch (S. 180) und wartet auf seinen Durchbruch als Künstler (S. 170). Auch er wechselt öfter seine Liebhaber bzw. flirtet viel (S. 180). Felix sieht in Daniel ebenfalls einen tollen Menschen, aber einen schlechten Vater (S. 182). Nur einmal ist er persönlich anwesend (Café: S. 177), nicht jedoch beim Finale der Quizshow (S. 253).

Felix' Freund *Dylan Brinkerhoff* hat zerzauste Haare, eine Zahnspange und trägt eingangs T-Shirt und Jeans (S. 55). Er wohnt mit seinen Eltern und seinen Schwestern Alberta und Cricket (S. 57) in einem unaufgeräumten Haus in Kitsilano (S. 61). Dylan besucht ebenfalls ab September die siebte Klasse der Blenheim Public School (S. 56), beteiligt sich auch an der Schülerzeitung (S. 81) und geht mit seiner Mitschülerin Sophie zum Ball (S. 122). In seiner Freizeit kümmert er sich um seine Katze Craig (S. 62), glaubt an den Hausgeist Bernard (S. 58) und bewirbt sich ebenfalls (vergebens) für die Quizshow (S. 137). Felix ist mit Dylan (mit Unterbrechung: S. 17) seit der

»Adresse unbekannt« im Unterricht © Beltz Verlag · Weinheim und Basel

dritten Klasse der Waterloo School befreundet (S. 16). Mehrfach streiten auch die beiden (Nachbohren: S. 203, Verpetzen: S. 218), söhnen sich aber immer wieder aus (S. 207, 248).

Felix' Freundin *Winnie Wu* hat lange schwarze Haare (S. 57), weiße Zähne und rote Lippen (S. 66) und trägt anfangs eine rote Baskenmütze, eine goldene Halskette, eine weiße Bluse, einen karierten Rock, rote Kniestrümpfe und schwarze Lederschuhe (S. 57). Sie wohnt mit ihren Eltern in einer neuen Wohnung bei der Fir Street (S. 76). Winnie besucht ab September ebenfalls die siebte Klasse der Blenheim Public School (S. 57), beteiligt sich auch an der Schülerzeitung (S. 82, Berufsziel Journalistin: S. 159) und wird von ihrem Mitschüler Donald gemobbt (S. 68, 98, 152). In ihrer Freizeit lernt sie viel und schnell (S. 57 f.), bewirbt sich ebenfalls für die Quizshow und erreicht immerhin den Vorsprechtermin (S. 137). Felix freundet sich allmählich mit Winnie an. Allerdings kommt es auch hier einige Male zum Krach (S. 144, 203, 218), aber immer wieder zur Aussprache (154, 207, 248).

Erzähltechnik

Der wesentliche *Schauplatz* des Romans ist der Minibus, in dem Felix und Astrid umherziehen: von Stanley Park, Alice Lake und Lighthouse Park (S. 33) über Kitsilano (S. 47), Kits Beach (S. 102), Point Grey (S. 119), Jericho Beach (S. 140), Dunbar (S. 155), Carnarvon Park (S. 82) bis Spanish Banks (S. 210). Wichtige Orte sind außerdem die Blenheim Public School in Kitsilano, die Felix, Dylan und Winnie besuchen (S. 55), das Haus fünf Blocks entfernt, in dem Dylan wohnt (S. 71), und die Wohnung Ecke Fir Street / Seventh Avenue, in der Winnie lebt (S. 76). Hinzu kommen zum Beispiel noch die Wache, in der Felix von Constable Lee verhört wird (S. 11), die Bibliothek in Kitsilano, in der Astrid Dokumente fälscht (S. 50), das Gemeindezentrum ebenfalls in Kitsilano, in dem sich Felix und Astrid waschen (S. 51), das Café Charmant in der Dunbar Street, wo Felix und Astrid essen gehen (S. 113), Mr. Ahmadis Lebensmittelgeschäft auf dem Broadway, in dem sich Felix und Astrid versorgen (S. 116), das Sunshine Inn in Downtown, wo Felix und Winnie für die Quizshow vorsprechen (S. 143), das Café Ellbow Room in West End, in dem sich Felix und Daniel treffen (S. 173), das CBC-Studio ebenfalls in Downtown, wo Felix an der Quizshow teilnimmt (S. 239), und das Cedar Motel außerhalb Vancouvers, wo Felix und Astrid für kurze Zeit unterkommen (S. 259).

Geschildert wird ein *Zeitraum* von August (Überschrift auf S. 27) bis November (Überschrift auf S. 165) und in die Weihnachtszeit (S. 266). Das erzählte Geschehen nimmt sechs Teile ein, die teils mit dem entsprechenden Monat überschrieben und mit einer Illustration versehen sind. Jeder Teil enthält zwischen zwei und zehn Kapitel, die ebenfalls teils mit Datum und Uhrzeit betitelt und mit einer Illustration ausgestattet sind. Den Teilen sind eine Widmung (S. 5) voran- und ein Anhang (S. 273–282) mit Danksagung, Quellenangaben und Diskussionsfragen nachgestellt.

Der Roman weist eine *retrospektive Struktur* auf, mit einer Rahmenhandlung im ersten und sechsten Teil (November und Dezember) und einer Binnenerzählung vom zweiten bis vierten Teil (August bis November), die in sich jeweils überwiegend eine *chronologische Ordnung* aufweisen. Eingeschoben finden sich *Textsorten* wie Berichte (mit eigenen Überschriften: S. 13, 37), Artikel (S. 80 ff., 158 f., 242–246, 262 ff.), eine Liste (S. 117), E-Mails (S. 110, 136 f.) und SMS (S. 249, 253).

Das Geschehen wird mit Blick auf die *Narratologie* aus der Ich-Perspektive der Hauptfigur Felix erzählt, dank personalen Erzählverhaltens mit Innensicht in den Erzähler und mit Nähe zu ihm. Der Erzähler berichtet von den Ereignissen und kommentiert sie im epischen Präteritum (Metapoetik: Erzählerkommentar z. B. S. 21, Leseranrede z. B. S. 63). Die Personenrede wird direkt und mit Anführungszeichen wiedergegeben (z. B. S. 7), Fremdsprachiges (z. B. S. 13) und Gedanken (z. B. S. 9) sind kursiv gesetzt. Beschriftungen stehen in Großbuchstaben (z. B. S. 54), die Artikel, E-Mails und SMS werden in einer anderen Schriftart dargestellt. Auch finden Emojis Anwendung (z. B. S. 98).

Hinsichtlich des *Genres* handelt es sich um einen Entwicklungsroman, in dessen Verlauf Felix nicht nur körperlich wächst (S. 231).

Sprache

Der Roman ist eher von kürzeren Sätzen und *parataktischem Satzbau* geprägt.

Intertextuelle Bezüge tauchen meist zu literarischen Werken auf. Neben Astrids Lieblingsbuch »Middlemarch« von George Eliot (Feminismus) und Felix' Lieblingsbuch »Geschichten aus dem Mumintal« von Tove Jansson (*Coming of Age*) sind das:

Samson und Delilah (S. 18)	Geschichte aus der Bibel
Unterwegs (S. 24)	Roman von Jack Kerouac
Eine kurze Geschichte des Fortschritts (S. 34)	Sachbuch von Ronald Wright
Eine kurze Weltgeschichte für junge Leser (S. 34)	Sachbuch von Ernst Gombrich
Große Erwartungen (S. 34)	Roman von Charles Dickens
Weihnachtsgeschichte (S. 45)	Erzählung von Charles Dickens
Die Abenteuer des Tom Sawyer (S. 63)	Roman von Mark Twain
Walter le Chien qui Pète (S. 66)	Bilderbuch von William Kotzwinkle
Herr der Fliegen (S. 110)	Roman von William Golding
Schall und Wahn (S. 138)	Roman von William Faulkner
Romeo und Julia (S. 147)	Drama von William Shakespeare
Dracula (S. 206)	Roman von Bram Stoker
Zwanzigtausend Meilen unter dem Meer (S. 243)	Roman von Jules Verne

Name-Dropping gibt es aus den Bereichen Fernsehen, Musik, Kunst und (Konsum-)Kultur:

The View (S. 14)	TV-Serie
Wer, Was, Wo, Wann (S. 14)	(fiktive) Quizshow
K'naan (S. 19)	Musiker
Art Garfunkel (S. 19)	Musiker
Trivial Pursuit (S. 30)	Brettspiel
Jeopardy! (S. 53)	Quizshow
Eugène Fredrik Jansson (S. 91)	Maler
Monopoly (S. 106)	Brettspiel
Monkees (S. 123)	Band
Justin Bieber (S. 148)	Musiker
Tim Horton's (S. 191)	Fastfood-Kette
Le sacre du printemps (S. 245)	Komposition von Igor Strawinsky
Alvin und die Chipmunks (S. 266)	Trickfilm

Insgesamt liegt die sprachliche Stärke des Romans in seiner *Vielfältigkeit*, zu der die verschiedenen Textsorten ebenso beitragen wie die unterschiedlichen Intertexte.

Spannungsbögen

Insgesamt baut der Roman die Spannung mittels zweier größerer Bögen auf, die die Rahmenhandlung bzw. Binnenerzählung umfassen und zwei große Fragen aufwerfen: Zum einem wird in der Rahmenhandlung ein *Rätselgeschehen* (*mystery*) präsentiert, das bei Leser:innen eine große Ergänzungsfrage aufwirft: Wie gerät Felix auf die Wache?

Zum anderen wird ab der Binnenerzählung eine *Spannungssequenz* (*suspense*) eingesetzt, was bei Leser:innen eine große Entscheidungsfrage provoziert: Wird Felix das Quiz gewinnen?

Daneben sorgen *Überraschungsmomente* (*surprise*) dafür, dass Leser:innen urplötzlich mit weiteren Fragen konfrontiert werden. Dazu gehören zum Beispiel: Finden Felix und Astrid eine Wohnung? Freundet sich Felix mit Dylan an? Verliebt sich Felix in Winnie? Versöhnen sich Astrid und Daniel?

Alle diese Fragen werden beantwortet, sodass ein *geschlossenes Ende* verbleibt, das die jugendlichen Leser:innen nach dem atemlosen Parforceritt durch schwere Themen beruhigter zurücklassen dürfte.

Stilmittel

Der Roman beinhaltet zahlreiche sprachliche Bilder und weitere Stilmittel, die das Lesevergnügen erhöhen und zusätzliche Bedeutungsschichten erschließen. Deutlich wird das besonders an Felix' Haustier Horatio, schon dem Namen (des fiktiven Moderators Horatio Blass: S. 148) nach eine *Personifikation*. Als Rennmaus verkörpert Horatio Felix' unstetes Leben auf der Straße (*Symbol*), während er in einem Käfig lebend Felix' enges Leben im Minibus versinnbildlicht (Metapher). Daneben wird Horatio immer wieder herangezogen, um Felix' Gefühlslage zu spiegeln (*Vergleich*):

- Aufregung, als Felix in den Minibus umzieht: »Als ich ihn also da so wackelig auf unseren Sachen hocken sah, flippte ich aus.« (S. 21)
- Freude, als Astrid einen Job findet: »Ich gab Horatio eine Extraportion Salat.« (S. 59)

»Adresse unbekannt« im Unterricht © Beltz Verlag · Weinheim und Basel

- Trostbedürfnis, als Astrid die Wohnungsabsage erhält: »Dann nahm ich Horatio aus seinem Käfig und hielt ihn ganz nah an mich.« (S. 87)
- Gedankenchaos, als Astrid eine Krise hat: »Ich ließ Horatio aus seinem Käfig und er rannte meinen Arm hoch und den anderen wieder runter.« (S. 100)
- Schlechtes Gewissen, als Astrid Lebensmittel gestohlen hat: »Sogar Horatio fraß ein Stückchen Brie und fuhr voll darauf ab, aber hinterher kriegten wir die Quittung dafür, denn er bekam fiesen Durchfall davon, der den ganzen Bus vollstank, sogar noch, nachdem wir seinen Käfig (und ihn) in einem der Waschräume am Strand gründlich gereinigt hatten.« (S. 116)
- Panik, als Felix und Astrid in der Garage erwischt werden: »Auch Horatio sah verängstigt aus. Er rannte und rannte in seinem Rennmausrad, als versuchte er zu entkommen.« (S. 139)
- Starre, als Felix beim Lügen ertappt wurde: »Manchmal, wenn Horatio Angst hat oder sich bedroht fühlt, rührt er sich nicht mehr. Als glaubte er, es würde ihn dann keiner mehr sehen.« (S. 189)
- Fieberwahn, als Felix erkrankt: »In letzter Zeit schien er auch ein bisschen neben der Spur zu sein – als hätte er seine eigene Mini-Krise.« (S. 210)
- Rückzug, als Felix erkrankt ist: »Ich schaute hinüber zu Horatios Käfig. Er hatte sich unter seinen Sägespänen vergraben.« (S. 211)
- Hoffnungslosigkeit, als Astrid verschwunden ist: »Bei Horatio wusste ich es sofort. Sein kleiner Körper war kalt und steif. Horatio Blass war tot.« (S. 212)

Ähnliches ließe sich über Felix' Kobold Mel und Dylans Poltergeist Bernard sagen.

DEUTUNGSPERSPEKTIVEN

u.4

Der Roman »Adresse unbekannt« erzählt, wie schon der deutsche Titel und vielleicht noch mehr der englische Originaltitel »No Fixed Address« nahelegt, die *Geschichte eines unsicheren Lebens*. Doch wird diese Unsicherheit nicht nur auf individuelles (Fehl-)Verhalten zurückgeführt, sondern auch auf kollektive Missstände.

Zunächst übt der Roman (über Astrid) *Kritik an der Gesellschaft*, in der strikte Hierarchien herrschen (S. 9) und starke Obrigkeiten walten (S. 11).

Dann trägt der Roman (wieder über Astrid) eine *Kritik am Kapitalismus* vor, wenn Wohnraum aufgrund von Spekulation knapp wird (S. 73) oder Lebensmittel wegen Profitstreben teuer werden (S. 114). Deswegen rutscht Astrid, neben ihrem falschen Stolz (S. 117), auch in die *Armut und Kriminalität*, von der Lüge (S. 23) über Erpressung (S. 47), Urkundenfälschung (S. 49), Hausfriedensbruch (S. 52), Erschleichung von Leistungen (S. 101), Diebstahl (S. 113) zum Einbruch (S. 120, 125). Wie Felix schließlich beim Stehlen erwischt wird (S. 161), passiert es auch Astrid (S. 213).

Schließlich liefert der Roman (über Horatio Blass) eine *Kritik an den Medien*, deren Akteure alkoholkrank (S. 247), durchtrieben (S. 256), desillusioniert (S. 257), sensationsheischend (S. 259) und verletzend (S. 269) dargestellt werden.

Gerade mit Letzterem könnte dem Roman gelingen, in seinen jugendlichen Leser:innen einen *Prozess des Nachdenkens* über das eigene Verhalten gegenüber Obdachlosen und vielleicht auch über das eigene Medienverhalten anzustoßen.

Insgesamt bewirkt der Roman mit seiner Kritik vielleicht den Übergang in bzw. das *Einwirken auf die Realität*: »Besonders gelungen ist, wie Felix und seine Mutter als Personen aus der Mitte der Gesellschaft sichtbar werden, deren Ängste, Sorgen und Wünsche für jeden nachvollziehbar sind.«[1] (Jurybegründung des Deutschen Jugendliteraturpreises)

1 Adresse unbekannt. URL: www.jugendliteratur.org/buch/adresse-unbekannt-4245 (Zugriff: 15.06.2024).

METHODENKISTE

Die folgende »Methodenkiste« ist als Pool zur Planung einer Unterrichtseinheit zum Roman »Adresse unbekannt« gedacht. Sie verbindet anzustrebende Kompetenzen im Deutschunterricht mit möglichen Textumgangsweisen in einem Unterricht zum Buch. Dabei beziehen wir uns auf die von der Kultusministerkonferenz (KMK) verabschiedeten »Bildungsstandards für das Fach Deutsch für den Mittleren Bildungsabschluss«, die die verbindliche Grundlage für alle in den Ländern zu entwickelnden Lehr- und Bildungspläne in der Sekundarstufe I darstellen.

In der rechten Spalte geben wir jeweils mögliche Beispiele für eine konkrete Umsetzung im Unterricht. Hier finden sich auch Verweise zu den Kopiervorlagen und Infoblättern in diesem Heft. Zahlreiche methodische Möglichkeiten sprechen mehrere Bildungsstandards an. Wir haben uns zum Zwecke der Übersichtlichkeit jeweils für einen Bildungsstandard des Bereiches 3.3 (»Lesen – mit Texten und Medien umgehen«) entschieden. Häufig lassen sich auch evidente Bezüge zu den Bildungsstandards der anderen Bereiche herstellen.

Darüber hinaus stehen die vorgeschlagenen Methoden in Verbindung mit einem fächerübergreifenden Ansatz (v.a. mit Erdkunde, Gemeinschaftskunde, Wirtschaft und Politik und Bildender Kunst), den Sie je nach Klassensituation, Vorwissen und Interessen der Schüler:innen modifizieren können.

Bildungsstandards	Methoden	Beispiele
→ Verschiedene Lesetechniken beherrschen		
• Über grundlegende Lesefertigkeiten verfügen: flüssig, sinnbezogen, überfliegend, selektiv, navigierend lesen	• Ein Kapitel bzw. eine besonders wichtige oder spannende Stelle (vor)lesen • Die Auswahl individuell begründen	• Klappentext → k.2, Zitate → k.3, k.5, k.9 • Weitere Textstellen nach Wahl
	• Ein Kapitel oder einen Textausschnitt mit verteilten Rollen oder gestaltend vorlesen und aufnehmen	• Interview → i.2 • Weitere Textstellen nach Wahl
	• Bestimmte Textinhalte auffinden und ein den Text erschließendes Unterrichtsgespräch anhand von Leitfragen führen	• Hilfsmittel Zeilometer → k.1 → k.2–k.9
→ Strategien zum Leseverstehen kennen und anwenden		
• Leseerwartungen und -erfahrungen bewusst nutzen	• Cluster oder Mindmap erstellen; damit einhergehend eine Leseerwartung aufbauen, Vorwissen aktivieren; ein Lesemotiv formulieren	• Figurenkonstellation → i.3 • Cover/Themen → k.2 • Cluster/Mindmaps zu den Figuren
	• Bezüge zur eigenen Lebenswirklichkeit herstellen	• Eigene Vermutungen, Erfahrungen, Urteile → k.2–k.9 • Bewertung → k.9
• Textschemata erfassen, z.B. Textsorte, Aufbau des Textes	• Die Erzählkonstruktion analysieren	• Anlass, Absicht → k.2 • Erzähltechnik → k.3, k.9 • Spannung → k.9 • Genre des Bildungsromans
• Verfahren zur Textstrukturierung kennen und selbstständig anwenden	• Wesentliche Textstellen kennzeichnen	• Markierung in Zitaten → k.3, k.5, k.9 • Markierung im Stadtplan → k.4
	• Den Text gliedern	• Pfeildiagramm → k.2 • Fieberkurve → k.6
	• Kapitelüberschriften formulieren, austauschen und diskutieren	• Alternativer Buchtitel • Zusätzliche Kapitelüberschriften (analog zu »Eine kurze Geschichte unserer Wohnsitze«)
	• Fragen aus dem Text ableiten	• Zum Text → k.2–k.9 • Zur eigenen Lebenswirklichkeit → k.2–k.9

»Adresse unbekannt« im Unterricht © Beltz Verlag · Weinheim und Basel

Bildungsstandards	Methoden	Beispiele
	• Bezüge zwischen Textteilen herstellen	• Cover und Roman → k.2, k.9 • Rahmenhandlung und Binnenerzählung → k.3, k.9
• Verfahren zur Textaufnahme kennen und nutzen	• Texte und Textabschnitte zusammenfassen	• Tabellarische Kapitelübersicht → i.4 • Inhaltsangabe → k.3 • Steckbrief → k.5 • Klappentext → k.9 • Lesezettel, Lesetabelle, Lesetagebuch
	• Eine Inhaltsangabe auch mithilfe von Satzstreifen oder anderen Hilfsmitteln erstellen	• Tabellarische Kapitelübersicht als Puzzle → i.4 • Kärtchen: Lügen → k.4, Quizshow → k.8
	• Eine wichtige Textstelle visualisieren	• Stadtplan → k.4 • Figurenbeschreibungen als Zeichnungen • Fieberkurve → k.6 als Comic
	• Fragen zum Text stellen und beantworten	→ k.2–k.9
	• Einen Lückentext bearbeiten	• Inhaltsangabe, Pfeildiagramm → k.3 • Liste → k.4 • Kreuzworträtsel → k.5 • Satzanfänge → k.7
	• Stichwörter formulieren und damit ein Kapitel nacherzählen	• Kärtchen: Lügen → k.4, Quizshow → k.8 • Innerer Monolog → k.7 • Lesezettel, Lesetabelle, Lesetagebuch
→ Literarische Texte verstehen und nutzen		
• Ein Spektrum altersangemessener Werke – auch Jugendliteratur – bedeutender Autorinnen und Autoren kennen	• Leben und Werk der Autorin kennenlernen	• Autorin → i.1 • Interview → i.2 • Stadtplan → k.4
	• Thematisch verwandte Jugendromane kennenlernen	→ i.6 • Www.beltz.de/lehrer
• Zentrale Inhalte erschließen	• Einsatz anderer Medien / inhaltlich entsprechend orientierter Zusatztexte zur Erarbeitung der Buchthemen	• Inhaltsangabe → u.1 • Interview → i.2 • Figurenkonstellation → i.3 • Tabellarische Kapitelübersicht → i.4 • Weiterführende Literaturhinweise → i.5 • Internet → k.2, k.5, k.6, k.9
• Wesentliche Elemente eines Textes erfassen, z.B. Figuren, Raum- und Zeitdarstellung, Konfliktverlauf	• Den zeitlichen Verlauf des Buchs erarbeiten und darstellen	• Tabellarische Kapitelübersicht → i.4 • Rahmenhandlung und Binnenerzählung → k.3, k.9 • Pfeildiagramm → k.3 • Fieberkurve → k.6 • Lesezettel, Lesetabelle, Lesetagebuch
	• Eine Figurenkonstellation / ein Soziogramm erarbeiten	• Figurenkonstellation → i.3 • Felix – Dylan – Winnie → k.5 • Felix – Astrid → k.6 • Felix – Daniel → k.7 • Familienaufstellung
	• Die Beziehung zwischen Figuren herausarbeiten	• Felix – Dylan – Winnie → k.5 • Felix – Astrid → k.6 • Felix – Daniel → k.7 • Felix – Horatio • Dylan – Bernard
	• Figuren charakterisieren; relevante Textstellen mithilfe der Kapitelübersicht auffinden	• Felix: Inhaltsangabe → k.3, i.4 • Astrid: Charaktereigenschaften → k.4, i.4 • Dylan: Kreuzworträtsel, Winnie: Steckbrief → k.5, i.4 • Daniel: Satzanfänge → k.7, i.4 • Figuren-Rallye

Bildungsstandards	Methoden	Beispiele
• Wesentliche Elemente eines Textes erfassen ... (Forts.)	• Handlungsräume analysieren, auch hinsichtlich der Symbolik	• Motiv des Inseldaseins → k.3 • Stadtplan → k.4
	• Ein Thema bzw. Motiv über das ganze Buch hinweg verfolgen	• Obdachlosigkeit, Inseldasein → k.3 • Freundschaft → k.5 • Depression → k.6 • Quizshow → k.8
	• Den Konfliktverlauf zwischen Figuren grafisch bzw. verbal darstellen	• Fieberkurve → k.6 • Drehbuch → k.7 • Standbild, Rollenspiel
• Wesentliche Fachbegriffe zur Erschließung von Literatur kennen und anwenden	• Die Erzählperspektive wechseln: eine Textstelle aus anderer Perspektive erzählen	• Tagebucheintrag → k.5 • Innerer Monolog → k.7 • Astrid bei Begegnung mit Dylan/Winnie, nach der Quizshow
	• Leerstellen des Buchs füllen	• Interview → i.2 • Astrids und Daniels Zukunft
	• Den Spannungsverlauf untersuchen / eine Spannungskurve erstellen	• Spannungsfragen → k.9 • Spannungskurve aus den Teilen
	• Einen inneren Monolog einer Figur verfassen	• Innerer Monolog → k.7
• Sprachliche Gestaltungsmittel in ihren Wirkungszusammenhängen und in ihrer historischen Bedingtheit erkennen, z. B. Wort-, Satz- und Gedankenfiguren, Bildsprache (Metaphern)	• Die Namen von Figuren oder Schauplätzen unter die Lupe nehmen	• Felix Fredrik → k.6 • Name-Dropping • Intertexte
	• Sprachliche Bilder/Metaphern und mögliche Symbole im Text erkennen, ihre Bedeutung verstehen und über ihre Leistungen diskutieren	• Personifikation → k.8 • Symbol, Metapher, Vergleich • Tomte, Hausgeist
	• Redeformen (Figurenrede, Erzählerrede) identifizieren	• Anrede → k.5 • Analyse der Erzähltechnik
	• Stilaspekte untersuchen	• Fremdsprachen • Textsorten
• Eigene Deutungen des Textes entwickeln, am Text belegen und sich mit anderen darüber verständigen	• Eine kontroverse Diskussion zu bestimmten Aspekten oder Figuren führen	• Themen, Motive und Figuren → k.2–k.9 • Fünf-Finger-Methode → k.9 • Stummes Schreibgespräch
	• Mittels Alter-Ego-Technik die möglichen Gedanken von Figuren darstellen	• Tagebucheintrag → k.5 • Innerer Monolog, Drehbuch → k.7 • Daniel nach dem Treffen mit Felix • Astrid nach der Begegnung mit Dylan/Winnie
	• Eine Rezension zum Buch verfassen	• Fünf-Finger-Methode → k.9 • Rezension als Text, Audio oder Video
• Analytische Methoden anwenden	• Den Inhalt eines Textabschnitts rekonstruieren und wiedergeben	• Inhaltsangabe → k.3 • Lesezettel, Lesetabelle, Lesetagebuch
	• Den antizipierten und realen Handlungsverlauf vergleichen	• Erwartungsabfrage → k.2, k.9 • Fünf-Finger-Methode → k.9
	• Ein Kapitel mit einem subjektiven »Untertext« versehen	• Zu jedem Kapitel möglich
	• Handlungsmotive einer Figur herausarbeiten	• Mobbing → k.5 • Streit und Versöhnung → k.6 • Monsieur Thibaults Hilfe • Mr. Ahmadis Angebot
	• Den thematischen Hintergrund des Buchs erhellen	• Weiterführende Literaturhinweise → i.5 • Obdachlosigkeit → k.3
	• Eine gemeinsame Reflexion der Lektüre durchführen	• Erwartungsabfrage → k.2, k.9 • Fünf-Finger-Methode → k.8 • Offenes Abschlussgespräch

»Adresse unbekannt« im Unterricht © Beltz Verlag · Weinheim und Basel

Bildungsstandards	Methoden	Beispiele
• Produktive Methoden anwenden	• Ein eigenes Lesetagebuch bzw. einen Leseordner zum Buch führen	• Lesezettel, Lesetabelle, Lesetagebuch
	• Einen Comic oder eine Fotostory zu einem Kapitel des Buchs erstellen	• Eigenes Cover → **k.2** • Zeichnung → **k.4** • Statt Fieberkurve → **k.5** • Statt innerer Monolog/Drehbuch → **k.7**
	• Ein fiktives Interview mit einer Figur führen	• Statt Tagebucheintrag → **k.5** • Interview mit Soleil (Wahrnehmung Astrid) • Interview mit Horatio Blass (Wahrnehmung Felix)
	• Einen fiktiven Dialog zwischen Figuren verfassen	• Drehbuch → **k.7** • Dylan und Sophie (beim Schulball) • Astrid und Daniel (am Telefon)
	• Gedanken und Gefühle der Figuren imaginieren	• Tagebucheintrag → **k.5** • Innerer Monolog → **k.7** • Standbild, Rollenspiel
	• Das Buch weiterdenken und -schreiben	• Astrids und Daniels Zukunft
	• Einen Brief einer Figur an eine andere Figur verfassen	• Monsieur Thibault an Astrid (Elternbrief)
	• Eine Reportage bzw. einen Zeitungsbericht über eine Textstelle verfassen	• »Frohgemute deutsche Fakten« • »Alles, was man über meine Schule wissen muss«
	• Ein literarisches Rollenspiel z. B. zu einer Szene durchführen	• Drehbuch → **k.7** • Kapitel in Drehbuch umschreiben, aufführen
	• Einen Handlungsort oder eine Szene malen, zeichnen oder nachbauen	• Bus, Stadtplan → **k.4** • Lesetagebuch
	• Eine thematische Aktion durchführen	• Flyer Depression → **k.6** • Projekt Quizshow → **k.8** • Infotafel Mobbing
	• Ein Rätsel zu einem Kapitel oder zum Buch erstellen bzw. lösen	• Kreuzworträtsel → **k.5** • Multiple Choice → **k.6** • Weitere Quizze zu Figuren
	• Ein alternatives Titelbild erstellen	• Alternatives Cover → **k.2** • Lesetabelle, Lesetagebuch
	• Ein Plakat bzw. eine Collage zum Buch erstellen	• Themen- und Motivplakate
	• Ein Hörspiel verfassen	• Zu rasanten Textstellen
• Handlungen, Verhaltensweisen und Verhaltensmotive bewerten	• Sympathie/Antipathie zu den Figuren thematisieren	• Erwartungsabfrage → **k.2, k.9** • Fünf-Finger-Methode → **k.8** • Lesezettel, Lesetabelle, Lesetagebuch
	• Zu den Figuren Stellung beziehen, ihr Verhalten und Handeln bewerten und kommentieren	• Figuren → **k.2–k.9** • Fünf-Finger-Methode → **k.8** • Lesezettel, Lesetabelle, Lesetagebuch
→ Sach- und Gebrauchstexte verstehen und nutzen		
• Hintergrundinformationen suchen, verstehen, auswerten und vergleichen	• Eine Collage erstellen	• Themen- und Motivcollagen
→ Medien verstehen und nutzen		
• Informationsmöglichkeiten nutzen	• Internet- und Buchrecherche zu Themen des Buchs	• Weiterführende Literaturhinweise → **i.5** • Internet → **k.2, k.5, k.6, k.9** • Quellen S. 279
• Medien zur Präsentation und ästhetischen Produktion nutzen	• Powerpoint-Präsentationen bzw. Hypertexte erarbeiten, vorstellen und reflektieren	• Themen und Motive • Autorin und Werke

Vorschlag für eine Unterrichtseinheit

Wir möchten Ihnen hier ein Grobraster für eine Unterrichtseinheit zum Roman »Adresse unbekannt« vorstellen, das nach dem Grundsatz »erschließend, nicht erschöpfend« vorgeht. Die Einheit besteht, unterstützt durch die Infoblätter und Kopiervorlagen[1] aus diesem Heft, aus drei Modulen:

- Modul A: Vor dem Lesen (Paratext, Rahmenhandlung)
- Modul B: Während des Lesens (Binnenerzählung)
- Modul C: Nach dem Lesen (ganzes Buch)

Um den Überblick über das Buch zu behalten, könnten die Schüler:innen Lesetabellen anlegen, in denen sie kapitelweise Stichworte zu einzelnen Aspekten notieren. Auch eine Erweiterung zu einem Lesetagebuch mit mehr Raum für Reflexionen und Illustrationen wäre denkbar. Die Ergebnisse könnten so immer wieder (auch im Unterricht) herangezogen werden und ihre Sicherung wäre gewährleistet. Das ganze Buch sollten die Schüler:innen nach **k.7** gelesen haben.

Modul A: Vor dem Lesen
(ca. 4 Unterrichtsstunden)

- Lesekompetenz: Paratext, Rahmenhandlung
- Textanalyse: Cover, Klappentext, Interview, erstes Kapitel
- Übertragung auf Lebenswirklichkeit: eigene Vermutungen und Erfahrungen
- Produktion: alternatives Cover, Zeilometer

→ Bearbeitung mithilfe der Kopiervorlagen **k.1–k.3**
→ Weitere Anregungen aus der »Methodenkiste« in diesem Heft → **u.5**

Modul B: Während des Lesens
(ca. 8 Unterrichtsstunden)

- Lesekompetenz: Binnenerzählung
- Textanalyse: Romanteile, Figuren, Motive
- Übertragung auf Lebenswirklichkeit: eigene Vermutungen und Erfahrungen
- Produktion: Zeichnung, Dialog, Steckbrief, Tagebucheintrag, Flyer, Fieberkurve, innerer Monolog, Drehbuch

→ Bearbeitung mithilfe der Kopiervorlagen **k.4–k.7**
→ Weitere Anregungen aus der »Methodenkiste« in diesem Heft → **u.5**

Modul C: Nach dem Lesen
(ca. 4 Unterrichtsstunden)

- Lesekompetenz: Rahmenhandlung
- Textanalyse: ganzer Roman, Jurybegründung, Themen
- Übertragung auf Lebenswirklichkeit: eigene Vermutungen, Erfahrungen und Urteile
- Produktion: Quiz, Klappentext, Fünf-Finger-Methode

→ Bearbeitung mithilfe der Kopiervorlagen **k.8** und **k.9**
→ Weitere Anregungen aus der »Methodenkiste« in diesem Heft → **u.5**

1 Jede Kopiervorlage genügt für eine Doppelstunde, ist nach den Lernzielstufen des Deutschen Bildungsrats mit den entsprechenden Operatoren formuliert und nach einem Stundenverlauf von 1. Einstieg, 2. Erarbeitung (Präsentation nach jeder Nr. 2 möglich), 3. Sicherung, 4. Transfer und 5. Hausaufgabe formatiert. Wechsel der Sozialform (Unterrichtsgespräch, Einzel-, Partner-, Gruppenarbeit) überwiegend nach eigenem Ermessen.

»Adresse unbekannt« im Unterricht © Beltz Verlag · Weinheim und Basel

Infoblätter

© Tallulah Photography

DIE AUTORIN SUSIN NIELSEN

i.1

Leben

Ursprünglich wollte Susin Nielsen Schauspielerin werden, doch aufgrund fehlender Gesangs- und Tanzfähigkeiten konzentrierte sie sich auf das Schreiben. Ihre Karriere begann Nielsen in der Fernsehbranche, wo sie im Catering für das Team von »Degrassi Junior High« arbeitete und schließlich Drehbücher für die Serie schrieb. Nielsen verfasste auch Bücher basierend auf der Serie und nahm sich vor, eines Tages einen eigenen Jugendroman zu schreiben. Ihre Werke wurden inzwischen in viele Sprachen übersetzt. Nielsen lebt in Vancouver mit ihrer Familie und zwei Katzen und hat diverse Hobbys wie Radfahren, Schwimmen, Lesen und Reisen.

Werke (in deutscher Übersetzung)

- **Adresse unbekannt.** Weinheim: Gulliver, 2023.
- **Peanuts und andere Katastrophen.** Stuttgart: Verlag Urachhaus, 2023.
- **Die gigantischen Dinge des Lebens.** Stuttgart: Verlag Urachhaus, 2022.
- **Optimisten sterben früher.** Stuttgart: Verlag Urachhaus, 2021.
- **Die hohe Kunst, unterm Radar zu bleiben.** München: cbt, 2016.
- **Glücklich für Anfänger.** München: cbt, 2015.
- **Lieber George Clooney, bitte heirate meine Mutter.** Hamburg: Carlsen, 2013.

Preise (für »Adresse unbekannt«)

2021	Leipziger-Lesekompass-Preis
2021	LUCHS-Preis von Radio Bremen/DIE ZEIT
2021	Deutscher Jugendliteraturpreis (Nominierung)
2020	KIMI-Siegel für Vielfalt in der Kinder- und Jugendliteratur
2019/ 2020	Hackmatack Children's Book Award (Nominierung)
2019	IODE Violet Downey Book Award
2019	OLA Top Ten Best Bets in Junior Fiction
2019	Ruth and Sylvia Schwartz Award, YA/Middle Grade (Nominierung)
2019	Sheila A. Egoff Children's Literature Prize
2019	USBBY Outstanding International Books
2020	Carnegie Medal (Nominierung)
2020	Forest of Reading Red Maple Award
2020	Manitoba Young Readers' Choice Award
2020	Rocky Mountain Book Award

Website der Autorin

susinnielsen.com

i.2

INTERVIEW MIT SUSIN NIELSEN: »WIE LEICHT JEMAND DURCH DIE MASCHEN FALLEN KÖNNTE!«

Die Autorin darüber, was sie persönlich zum Roman inspirierte, wie sie ihn ohne Scheuklappen verfasste und was sie mit ihm konkret kritisiert

Liebe Frau Nielsen, haben Sie auch eine Vorliebe für Käsechips?

(lacht) Ehrlich gesagt liebe ich Chips aller Art – sie sind mein Kryptonit! Ich muss im Supermarkt die Chips-Abteilung meiden. Aber ja, ich liebe Cheesies – ich bin mir nicht sicher, ob Sie die in Deutschland haben? Wir haben eine Marke, die speziell kanadisch ist, namens »Hawkins Cheezies«.

Wie viel von Ihnen steckt in Felix?

Ich musste mich nie mit Obdachlosigkeit auseinandersetzen. Aber ich bin bei einer alleinerziehenden Mutter aufgewachsen und wir hatten nicht viel Geld für Extras. Ich denke, als ich in seinem Alter war, habe ich seinen Optimismus geteilt. Aber ich würde sagen, er ist größtenteils eine fiktive Figur. Ich liebe ihn.

Wie genau ist der Roman entstanden?

Ich hatte die Idee zu diesem Buch zum ersten Mal im Februar 2015, als ich in einem Hotelzimmer in Kelowna war. Es war vier Uhr morgens, und ich war im Halbschlaf, als mir der Gedanke gekommen ist: »Ich sollte über einen Jungen schreiben, der mit seiner Mutter in einem Van lebt.« Ich war klar genug, diesen Satz aufzuschreiben, als ich dann ein paar Stunden später aufgestanden bin, und dann habe ich den Satz für mindestens ein weiteres Jahr beiseite gelegt!

Es war also eine Traumgeburt?

Ich vermute, dass diese anfängliche Idee aus ein paar Dingen entspringt: Zum einen muss jeder, der in Vancouver lebt, einfach die wachsende Wohnungskrise bemerken. Häuser und Grundstücke werden immer mehr als Waren und Investitionen behandelt. Die Immobilienpreise sind in die Höhe geschossen. Mietwohnungen in Vancouver sind knapp und teuer und Mieter werden ständig vertrieben, da ältere Häuser in rasantem Tempo abgerissen und durch große Häuser ersetzt werden, die – um das Ganze noch schlimmer zu machen – dann auch noch leer stehen. Immer mehr Bürger werden aus der Stadt gedrängt oder an den Rand von Armut und Verzweiflung getrieben. Der Mangel an politischem Handeln auf allen Ebenen ist entmutigend.

Und zum anderen?

Zum anderen habe ich vor vielen Jahren ein Paar getroffen, das mir erzählt hat, dass sie und ihre schulpflichtige Tochter während ihres Studiums in einem Van gelebt haben. Sie haben darüber gesprochen, als wäre es ein großes Abenteuer. Aber ein kleiner Teil von mir hat gedacht: »War es wirklich ein großes Abenteuer für ihr Kind? Im tiefsten Winter? Wird sie später darüber sprechen, als wäre es ein großes Abenteuer, oder wird sie es ihrem Therapeuten erzählen? Oder beides?«

Dann ist die Familiengeschichte zentral?

Es gab Elemente dieser Geschichte, von denen ich erst beim Schreiben bemerkt habe, dass ich mich danach gesehnt habe, sie zu erforschen. Erstens das allmähliche Erwachen der Kinder, dass ihre Eltern alles andere als perfekt sind. Zweitens wollte ich über einen tief fehlerhaften Elternteil schreiben. Ich bin auch bei einer alleinerziehenden Mutter aufgewachsen. Ich war auch ein Einzelkind. Aber im Gegensatz zu Astrid war meine Mutter eine stabile, beruhigende Kraft. Wir waren weit davon entfernt, wohlhabend zu sein, aber wir mussten uns nie Sorgen um eine Räumung oder um die nächste Mahlzeit machen. Astrid ist eine starke Frau, die ihren Sohn tief liebt. Aber sie wurde durch ihre Vergangenheit beschädigt und trifft nicht immer die besten Entscheidungen. Drittens weiß ich nicht, warum, aber ich wollte immer eine Gameshow in einem meiner Bücher haben! Das war meine Chance.

Haben Sie noch eine bestimmte Schreibabsicht verfolgt?

Ich denke, es ging einfach darum, darauf aufmerksam zu machen, wie leicht jemand durch die

»Adresse unbekannt« im Unterricht © Beltz Verlag · Weinheim und Basel

Maschen fallen könnte. Aber schauen Sie, ich möchte auch immer unterhalten, eine fesselnde, glaubwürdige, lustig-traurige Geschichte schreiben.

Trotzdem kritisieren Sie auch so etwas wie den Kapitalismus ...

... ich denke nicht, dass ich so klug bin, ihn zu kritisieren *(lacht)*. Was Astrid und ihre Ansichten dazu betrifft – Astrid ist eine sehr komplizierte Frau, die viele Ausreden für ihr eigenes schlechtes Verhalten macht. Ich habe es genossen, sie zu schreiben, und ich liebe ihren Mut und ihre Art, Autoritäten die Stirn zu bieten, und ich denke, sie hat oft zumindest halb recht.

Ist Astrid deshalb depressiv?

Astrids Depression begann lange vor ihrer Obdachlosigkeit. Es ist nur ein Faktor, der zu ihrer aktuellen Situation geführt hat.

Haben Sie einen Tipp, wie wir mit Betroffenen umgehen sollten?

Ich würde sagen, mit Mitgefühl.

Hatten Sie beim Schreiben eigentlich eine bestimmte Zielgruppe im Kopf?

Nein, ich versuche, nicht an das Publikum zu denken, wenn ich schreibe. Ich denke, das würde die Kreativität behindern.

Und wie schreiben Sie grundsätzlich?

Naja, ich kann Ihnen sagen, dass es nicht sehr interessant aussieht! Ich zwinge mich, mindestens eine Stunde am Schreibtisch zu sitzen und zu schreiben, selbst wenn ich uninspiriert bin, weil ich am nächsten Tag normalerweise inspirierter bin. Ich mache lange Spaziergänge und Fahrradtouren, um über mein Buch nachzudenken. Und ich liebe es, im Flugzeug zu schreiben: keine Unterbrechungen.

Sie erwähnen selbst auch viele Bücher in Ihrem Roman ...

... ich liebe es, einige meiner eigenen Lieblingsromane in meine eigenen Werke zu integrieren. Mein Sohn war ein großer Mumin-Fan. Ehrlich gesagt mochte ich »Middlemarch« nicht so sehr, aber eine Freundin von mir, es ist ihr Lieblingsbuch!

Und ihr Lieblingstier ist die Rennmaus?

Also, Horatio soll in kleinem Maße das schlimmste Ergebnis von Obdachlosigkeit symbolisieren. Aber er soll auch einfach ein Wesen sein, das Felix verehrt.

Felix verehrt irgendwann auch Winnie. Entspricht sie nicht zu sehr einem Klischee?

Ich denke, Winnie ist so viel mehr als ein Stereotyp! Sie ist eine Figur mit Dimensionen. Sie ist eine Überfliegerin, die in bestimmten Dingen nicht sehr gut ist. Ich hatte zwei wunderbare chinesisch-kanadische Beta-Leser:innen, die mir großartiges Feedback zu ihr gegeben und einige sehr kulturell spezifische kleine Elemente hinzugefügt haben.

Ein kleineres Element ist auch diese verstörende Szene in der Bibliothek ...

... diese Frage wird mir ab und zu gestellt, meist von verärgerten Eltern. Meine Meinung dazu ist: Ich schreibe, was sich echt anfühlt. Und ich hatte solche schrecklichen Erfahrungen mehr als einmal, als ich aufgewachsen bin. Es tut mir leid zu sagen, dass ich denke, dass viele junge Leute das tun, aber oft sind wir zu verwirrt, entsetzt und beschämt, um darüber zu sprechen. Indem ich so etwas in ein Buch einfüge, denke ich, dass ich einigen Leser:innen die Möglichkeit gebe zu sehen, dass dies keine einzigartigen Erfahrungen für sie sind, und ihnen das Gefühl gebe, dass sie nicht allein sind. Ich zensiere mich nie selbst, wenn ich schreibe.

Was denken Sie: Wie wird es jetzt für Astrid und Daniel weitergehen?

Ich bin mir nicht sicher, ob es für sie viel besser wird, aber ich denke, Felix und Daniel werden wahrscheinlich eine bestimmte Art von Beziehung haben, wenn Felix älter wird. Felix wird ihn ab und zu in Toronto besuchen. Aber sie werden nie eine enge Vater-Sohn-Bindung haben.

Frau Nielsen, vielen Dank für das Interview.

Interview: Dr. Peter Schallmayer (Juni 2024)

i.3 FIGURENKONSTELLATION

Die Figuren sind um den Protagonisten angeordnet. Die Schriftgröße gibt Auskunft über ihre (diskutable) Bedeutung für Felix.

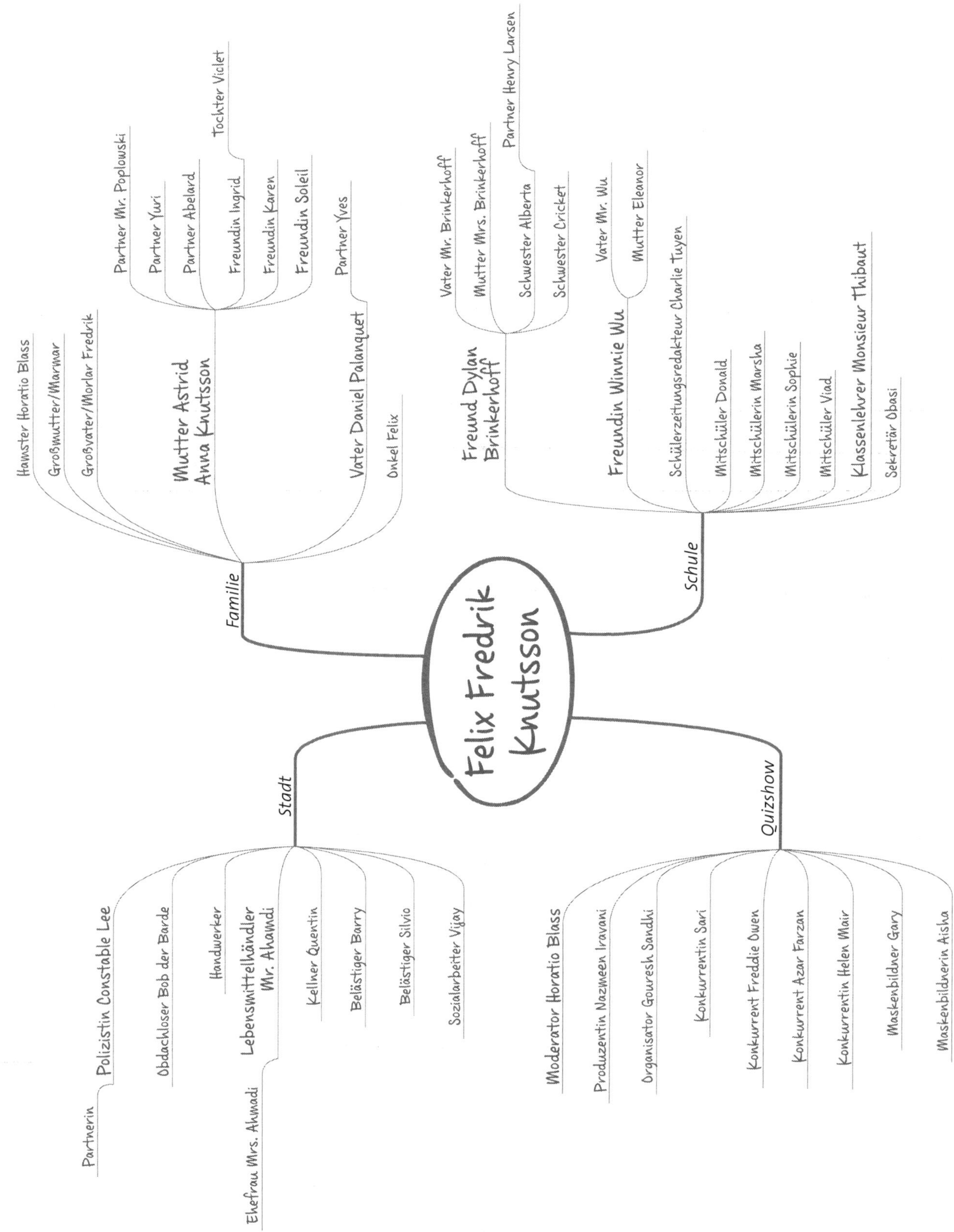

»Adresse unbekannt« im Unterricht © Beltz Verlag · Weinheim und Basel

TABELLARISCHE KAPITELÜBERSICHT

i.4

Kap.	Seite	Erzähltes Geschehen [Rahmenhandlung hellgrau, Binnenerzählung dunkelgrau]
	5	[Widmung]
November	7–12	27. November, 00.05 Uhr. Der fast 13-jährige Felix Fredrik Knutsson wird auf der Wache von Constable Lee befragt. Nach einem Vorfall hatte er selbst die Polizei gerufen.
	13–26	Felix gibt auf der Wache einen Überblick über alle bisherigen Wohnungen von ihm und seiner Mutter Astrid Anna Knutsson: das Haus der Großmutter Mormor in New Westminster, eine Zwei-Zimmer-Mietwohnung beim Commercial Drive, eine Ein-Zimmer-Mietwohnung bei der Boundary Road, der Keller von Astrids Freundin Soleil bei der Main Road und schließlich der Minibus Volkswagen Westfalia mit wechselnden Standorten. Auslöser ist Lees vorangegangene Notiz, Felix sei ohne festen Wohnsitz.
August	27–36	Rückblick: August. Felix und Astrid ziehen mit Rennmaus Horatio in den Minibus und wohnen im Stanley Park, am Alice Lake und schließlich im Lighthouse Park. Sie wollen im Minibus bleiben, bis Astrid einen Job gefunden hat; unterdessen soll Felix die siebte Klasse der Blenheim Public School in Kitsilano besuchen.
	37–40	Felix gibt einen Überblick über alle möglichen Lügen: die unsichtbare Lüge, die Gib-dem-Frieden-eine-Chance-Lüge, die Beschönigungslüge, die Tut-keinem-weh-Lüge und schließlich die Jemand-könnte-ein-Auge-verlieren-Lüge. Auslöser ist die bevorstehende Schulanmeldung, die ohne zu lügen nicht gelingen wird.
September	41–50	September. Astrid meldet Felix im Sekretariat der Schule an. Den fehlenden Adressnachweis erpresst sie von ihrem ehemaligen Liebhaber Mr. Poplowski in Kitsilano, fälscht ihn in der Bibliothek und reicht ihn am nächsten Tag an der Schule nach. Astrid und Felix vereinbaren Stillschweigen, um das Ministerium für Kinder- und Familienentwicklung MKFE nicht auf den Plan zu rufen.
	51–60	Den Tag vor Schulbeginn verbringen Astrid und Felix heimlich in Soleils Haus, bevor sie im Minibus vor dem örtlichen Gemeindezentrum übernachten. Am nächsten Tag läuft Felix einige Blocks bis zur Schule. Dort trifft er unverhofft auf seinen alten Freund Dylan Brinkerhoff und gemeinsam besuchen sie den Unterricht ihres Klassenlehrers Monsieur Thibault, an dem auch die Mitschülerin Winnie Wu teilnimmt. Am Abend vertreibt ein Anwohner Felix und Astrid von ihrem Standplatz.
	61–66	Am nächsten Tag begleitet Felix Dylan nach Hause, wo er sich sofort heimisch fühlt. Die nächsten zwei Wochen lässt er es sich dort immer wieder gutgehen. Auch besucht er Astrid bei ihrer neuen Arbeit in einem Café in Kerrisdale. Mit Winnie muss er in der Schule eine Partnerarbeit machen.
	67–72	Am Montag in der dritten Woche melden sich Felix und Dylan zur Mitarbeit bei der Schülerzeitung in Raum 222. Auch Winnie will mitmachen. Zu dritt besprechen sie mögliche Artikel in Dylans Haus.
	73–79	Astrid und Felix wechseln immer wieder den Standort des Minibusses auf der West Side. Am letzten Wochenende im September suchen Felix und Dylan dann Winnies Zuhause an der Ecke Fir Street / Seventh Avenue auf, um ihre Artikel abzuschließen. Zuvor hatte Felix sie erstmals belogen: Er wohne zu weit entfernt, um dafür zu ihm nach Hause zu gehen.
	80–88	Am letzten Mittwoch im September erscheint die Schülerzeitung »Blenheim Bote« mit den Artikeln »Frohgemute französische Fakten«, »Poltergeister« und »Alles was man über Asbest und Mesotheliom wissen muss«. Während ihre Mitschüler Felix' und Dylans Texte loben, muss Winnie Spott ertragen. Als Felix Astrid dann im Café besucht, erfährt er von einer Wohnungszusage. Die Freude währt nur kurz, denn am nächsten Tag wird Astrid gefeuert und die Wohnung rückt in weite Ferne.
Oktober	89–94	Felix gibt einen Überblick über seine Familie: Astrids Vater Fredrik, der sie mit dem Gürtel schlägt, und ihr älterer Bruder Felix, der an einer Überdosis stirbt. Beide Erfahrungen sorgen immer wieder für Krisen bei Astrid.

Kap.	Seite	Erzähltes Geschehen [Rahmenhandlung hellgrau, Binnenerzählung dunkelgrau]
	95–104	Oktober. Astrid verfällt in eine Krise. Felix denkt deswegen die ganze Nacht nach und kommt am nächsten Tag zu spät zur Schule. Dort erzählt Winnie, die Felix zunehmend gefällt, über den Obdachlosen Bob den Barden schreiben zu wollen, was Felix innerlich trifft. Indessen dauert Astrids Krise drei Tage. Am vierten Tag fahren sie zum Gemeindezentrum, wo sie jetzt doch Eintritt bezahlen müssen, und parken bei Kits Beach, wo Felix Astrid auf ihre Situation anspricht, erstmals auch seinen Vater Daniel Palanquet erwähnt, nach einer Drohung mit dem MKFE aber wieder verstummt.
	105–112	An einem Freitag suchen Felix, Dylan und Winnie Bob den Barden an einer Ecke in Kitsilano auf. Er erzählt ihnen, wie er in die Obdachlosigkeit gerutscht ist. Sie gehen zu Dylan nach Hause, wo sie von der Junior-Ausgabe der Quizshow »Wer, Was, Wo, Wann« erfahren und sich sofort bewerben. Felix bleibt über Nacht und lässt es sich gutgehen.
	113–118	An einem Sonntag besuchen Felix und Astrid das Gemeindezentrum, das Café Charmant in der Dunbar Street, einen Waschsalon und einen Discounter. Als er Astrid dort stehlen sieht, ist Felix entsetzt. Er beginnt ein Kassenbuch, um irgendwann die Schulden zu begleichen.
	119–126	Als sich Mitte Oktober das Wetter verschlechtert, quartieren sich Felix und Astrid heimlich in einer leerstehenden Garage in Point Grey ein. In der Schule steht unterdessen der Schulball an, an dem Winnie mit Felix teilnehmen will. Zieht er gegenüber Dylan noch über sie her, gesteht Felix gegenüber Astrid ein, Winnie zu mögen. Um an seinen Anzug zu kommen, verschaffen sie sich erneut Zutritt zu Soleils Haus, wo Astrid Geld entwendet.
	127–135	Am Tag vor dem Schulball kauft Astrid Felix Kleidung bei der Heilsarmee und beim Tierschutzverein. Am Freitagabend fährt Dylans Vater dann Felix, Dylan, Winnie und die Mitschülerin Sophie zum Schulball in der Turnhalle. Dort tanzen Felix und Winnie miteinander, bevor sich Felix von Dylans Vater vor Soleils Haus als seinem angeblichen Zuhause absetzen lässt.
	136–138	Das anschließende Wochenende verläuft öde, bis Felix eine Einladung zum Vorsprechtermin für die Quizshow erhält. Am Montagmorgen erzählt er seinen Freunden in der Schule davon. Anders als Dylan wurde Winnie ebenfalls eingeladen.
	139–150	Am Dienstagmorgen öffnet ein Arbeiter plötzlich das Garagentor. Felix und Astrid flüchten mit dem Minibus erst zum Jericho Beach, wo sich Felix frischmacht, und fahren dann zum Sunshine Inn im Zentrum, wo Winnie ungeduldig auf Felix wartet, sodass es zum Streit kommt. Gemeinsam nehmen sie an der Vorbesprechung für die Quizshow teil und erfahren vom Preisgeld: 25.000 Dollar.
	151–156	Am selben Mittag kehrt Felix zur Schule zurück und geht dazwischen, als Winnie gemobbt wird. Sie unterhalten sich beim Mittagessen. Schließlich läuft Felix zum Minibus in einer Straße in Dunbar, wo er Astrid vom Vorsprechtermin berichtet.
	157–163	Einige Tage später hat Astrid wieder eine Krise. Felix schleppt sich erkrankt in die Schule, wo er sich bei Winnie entschuldigt und ihren Artikel über Bob den Barden liest. Statt zurück zum Minibus geht Felix nach Unterrichtsschluss in die Bibliothek, wo es zu einem Zwischenfall kommt. Als Felix Reißaus nimmt und hungrig am Ahmadi Lebensmittelgeschäft vorbeikommt, stiehlt er eine Banane und wird dabei erwischt. Mr. Ahmadi benachrichtigt Astrid, die Felix schließlich abholt.
November	164–168	Astrids Krise dauert schon eine Woche. Da bekommt Felix mit, wie sie mit Daniel telefoniert.
	169–174	Felix gibt einen Überblick über seine Eltern: das Kennenlernen am Ontario College of Art and Design in Toronto, das Zusammenwohnen in einem Lagerhaus, Daniels Auszug zu Partner Yves in Cabbagetown, der Streit, die Versöhnung und schließlich die Samenspende. Jetzt verabredet sich Felix mit Daniel am Telefon zum Brunch, wo er alles erzählen will.
	175–183	Am nächsten Sonntag besucht Felix das Café Elbow Room im West End. Als sich Daniel verspätet, nimmt sich wider Erwarten der Kellner Quentin seiner an. Jetzt taucht Daniel auf; auch er lebt in prekären Verhältnissen, sodass ihn Felix doch nicht um Geld bittet und ihm stattdessen von Winnie vorschwärmt. Zurück im Minibus in einer Straße beim Carnarvon Park, hat er eine Nachricht von der Quizshow auf seiner Mailbox.

»Adresse unbekannt« im Unterricht © Beltz Verlag · Weinheim und Basel

Kap.	Seite	Erzähltes Geschehen [Rahmenhandlung hellgrau, Binnenerzählung dunkelgrau]
	184–200	Am nächsten Morgen ruft Felix zurück und erfährt, dass er sich für die Quizshow qualifiziert hat. Er eilt in die Schule, um davon zu erzählen, doch Dylan ist inzwischen hinter seine Lüge gekommen. Felix nimmt erneut Reißaus und kommt wieder bei Mr. Ahmadi vorbei, dem er sich anvertraut. Zurück in der Schule, nimmt er Dylan und Winnie mit zum Carnarvon Park und erzählt ihnen die Wahrheit. Als Astrid unvermittelt zurückkehrt, lässt sich Felix nicht mehr einschüchtern.
	201–205	Am nächsten Tag schleppt sich Felix krank in die Schule. Als Dylan und Winnie ihn auf seine Situation ansprechen, kommt es zum Streit. Mühsam einigen sie sich darauf, bis nach der Quizshow Stillschweigen zu bewahren.
	206–214	Zwei Wochen vor der Quizshow beginnt Felix mit dem Training. Er wird in der Schule ebenso abgehört wie zu Hause bei Dylan, wo sie auch die Quizshow schauen. Eine Woche vor der Quizshow erkrankt Felix jedoch richtig. Nach einem Besuch in der Ambulanz parkt Astrid den Minibus am Strand von Spanish Banks. Felix verfällt in Fieberträume, während Astrid beim Diebstahl eines Heizlüfters erwischt wird. Als sie zurückkommt, ist Horatio erfroren.
	215–218	Am nächsten Morgen begraben Felix und Astrid Horatio am Ententeich. Drei Tage lang besucht Felix nicht die Schule; als er an einem Freitag schließlich zurückkehrt, haben sich Dylan und Winnie Monsieur Thibault anvertraut. Erneut kommt es zum Streit.
	219–224	Am nächsten Tag weist Astrid zwei Männer in Spanish Banks in ihre Schranken, doch tauchen sie in der Nacht erneut auf und verlangen Einlass in den Minibus. Da ruft Felix die Polizei.
November	225–232	27. November, 4.00 Uhr. Constable Lee informiert das MKFE, das den Sozialarbeiter Vijay schickt. Nach einem längeren Gespräch mit ihm hilft Felix Astrid in der Tiefgarage, den Minibus auszuräumen.
	233–246	Am selben Tag werden Felix und Astrid zur Quizshow abgeholt und im Sunshine Inn untergebracht. In dessen Konferenzraum erfolgen letzte Anweisungen. Am nächsten Tag bringt ein Bus Felix und die anderen zum Studio im CBC-Gebäude ebenfalls im Zentrum. Als er nach der Probe in der Maske sitzt, begegnet ihm dort sein Idol, der Moderator Horatio Blass. In einem Artikel berichtet Winnie dann von Felix' Qualifizierung fürs Finale.
	247–250	Nach seinem Erfolg lässt sich Felix von seinen Bekannten im Publikum feiern. Er kehrt ins Hotel zurück, wo er eine Nachricht von Daniel empfängt.
	251–254	Die Woche über besucht Felix alle Aufzeichnungen, um seine Gegner zu analysieren, während sich Astrid mit Vijay trifft, um die nächsten Schritte zu besprechen. Am Freitag erinnert sich Felix nur noch an die letzten beiden Fragen der Quizshow: Er hat das Finale gewonnen, wofür ihm Daniel in einer Nachricht die Daumen gedrückt hatte.
	255–256	Vor laufender Kamera bricht es aus Felix heraus und er erzählt von den letzten Monaten. Dann erfährt er, dass ihm das Preisgeld erst mit seiner Volljährigkeit übergeben wird.
	257–258	Die Lichter gehen aus und Felix sieht die entsetzten Blicke im Publikum ob seines Geständnisses. Er nimmt erneut Reißaus und flüchtet zurück ins Hotel.
	259–264	Am nächsten Tag ziehen Felix und Astrid ins Cedar Motel außerhalb von Vancouver, wo sich Felix im Zimmer vergräbt. Wiederum einen Tag später erhalten sie Besuch: Vijay, Soleil, die Ahmadis und Dylans Eltern. In einem Artikel, in dem sie sich jetzt auch als Felix' Freundin bezeichnet, berichtet Winnie von ihrem Angebot: ein Unterkommen bei Soleil bzw. Dylans Eltern bis Januar und danach eine Wohnung bei den Ahmadis.
	265–272	Zwei Wochen später sitzt Felix mit Dylan und Winnie in einem Fastfoodrestaurant. Er erinnert sich an die Weihnachtsgeschenke, die er seinen Bekannten gemacht hat und die sie ihm gemacht haben. Er arbeitet jetzt zweimal die Woche für Mr. Ahmadi und auch Astrid wird in Teilzeit wieder für die Emily-Carr-Universität arbeiten.
	273–282	[Anhang: Danksagung, Quellenangaben, Diskussionsfragen]

WEITERFÜHRENDE LITERATURHINWEISE

Thematisch verwandte Jugendbücher

- Dominik Bloh: **Unter Palmen aus Stahl.** Weinheim und Basel: Beltz & Gelberg, 2021.
  Dominik Bloh war noch ein Teenager, als seine Geschichte auf den Straßen Hamburgs begann. Seine Kindheit war geprägt von Lügen, Gewalt und Drogen. Mit 15 sind Gangster seine Idole, mit 16 wirft ihn die psychisch kranke Mutter aus der Wohnung. Es folgt der freie Fall in die Obdachlosigkeit: nicht wissen, wohin, ständig in Bewegung sein, Hunger, Kälte und Einsamkeit. Trotz allem versucht er, ein Maß an Normalität aufrechtzuerhalten. Zwischen Schule, Hip-Hop, Basketballplatz und dem Überlebenskampf auf der Straße. In »Unter Palmen aus Stahl« erzählt Dominik Bloh seine Lebensgeschichte und davon, wie man es schafft, sich mit Mut und Courage von »ganz unten« hinauf zu kämpfen …
  Ein Buch zum Thema Obdachlosigkeit.
- Stefanie Höfler: **Feuerwanzen lügen nicht.** Weinheim und Basel: Beltz & Gelberg, 2024.
  Mischa findet die Sprüche seines besten Freundes Nits super. Der bewundert den talentierten Mischa, weil er tausend Sachen über Tiere weiß. Nits hätte Mischa alles geglaubt, bis er über immer mehr Lügen stolpert und erfährt, dass hinter alldem ganz andere Wahrheiten stecken. Aber wie kann es sein, dass er das nicht gesehen hat!? Die vielfach ausgezeichnete Autorin Stefanie Höfler erzählt mit großartig literarischer Stimme und viel Empathie über Kinderarmut und soziale Ungerechtigkeit …
  Ein Buch zum Thema Lügen und Gesellschaftskritik.
- Carolin Hristev: **Keiner zwischen uns.** Weinheim und Basel: Beltz & Gelberg, 2023.
  Der 15-jährige Nelson hatte eben noch gedacht, auf der Klassenfahrt könnte er endlich mit Marie zusammenkommen. Doch im nächsten Moment sieht er sie eng umschlungen mit Hamza. Hamza, der wie ein Bruder für ihn ist! Doch als er ihn wutentbrannt zur Rede stellt, offenbart ihm Hamza ein Geheimnis, das seine Welt im Chaos versinken lässt. Und das Allerschlimmste: Ausgerechnet der gefährlichste Typ ihrer Klasse kennt die Wahrheit. Nelson muss sich entscheiden – was ist ihm Freundschaft wirklich wert? …
  Ein Buch zum Thema Freundschaft und Homosexualität.

Sachliteratur und Medien für Jugendliche

- Tania Sardi: **Eine Reise nach Vancouver.** Ein Fotobuch. 27 Amigos 2022.
  Dieser Bildband kann die Vorfreude auf eine Reise anheizen. Dieses Buch ist aber auch ein zauberhaftes Souvenir nach einem Aufenthalt und eine tolle Erinnerung an einen ganz außergewöhnlichen Ort. Mit viel Liebe wurde dieser Bildband erstellt und die besten Aufnahmen von renommierten Profi-Fotografen ausgewählt.
- **Jeopardy! 2025 Day-to-Day Calendar.** Kansas City: Andrews McMeel Publishing 2024.
  Dieser Kalender bietet das gleiche Antwort-/Frageformat wie die äußerst beliebte Spielshow und verspricht, das ganze Jahr über zu unterhalten und herauszufordern.

Pädagogische und didaktische Literatur für Lehrer:innen

- Huub Buijssen: **Depression. Helfen und sich nicht verlieren.** Weinheim und Basel: Beltz & Gelberg, 2020.
  Wenn ein nahestehender Mensch in eine Depression gerät, ist dieser Prozess für Familie und Freunde oft schwer zu verstehen. Dieses Buch zeigt, wie man die Erkrankten konkret unterstützen kann, ohne sich dabei selbst zu verlieren. Wirksame Strategien helfen Angehörigen, den Alltag mit einem Betroffenen zu meistern. Sie schützen auch davor, selbst vom Sog der Depression ergriffen zu werden. Die Neuauflage ist um Kapitel zu Depression im Alter und Depression bei Kindern und Jugendlichen erweitert.
- Michael Elpers: **Wenn Kinder unter Kindern leiden.** Weinheim und Basel: Beltz & Gelberg, 2023.
  Mobbing- und Stalkingerfahrungen unter Kindern und Jugendlichen sind weit verbreitet in der Schule, den digitalen Medien, aber auch zwischen Geschwistern. Viele Kinder schweigen aus Scham, auch ihren Eltern gegenüber. Diese wiederum sind verunsichert, ob Mobbing oder z. B. ein normaler Konflikt vorliegt. Der Kinder- und Jugendpsychiater und Psychotherapeut Michel Elpers bietet nicht nur für Eltern sowohl Hilfestellung zur Prävention, dem Erkennen von versteckten Anzeichen für Mobbing als auch Entlastung und Auswege bei konkreten Vorfällen.

»Adresse unbekannt« im Unterricht © Beltz Verlag · Weinheim und Basel

Lesezeichen und Zeilometer

Dieses Lesezeichen hilft dir, einzelne Textstellen zu finden oder dich mit deinen Mitschülerinnen und Mitschülern über bestimmte Textstellen zu unterhalten: Lege dazu einfach das Zeilometer an den oberen Buchrand. Die Zahlen sind dann die jeweiligen Zeilen. Natürlich kannst du dein Zeilometer auch individuell gestalten.

»Adresse unbekannt« im Unterricht © Beltz Verlag · Weinheim und Basel

Adresse unbekannt I

Der Protagonist Felix beginnt seine Geschichte …

1. Betrachte das Cover. Um welche Themen könnte es im Roman gehen?

2. Lies den Klappentext. Um welche Themen geht es tatsächlich und wie findest du das?

3. Spekuliere, warum die Mutter im Klappentext erwähnt, aber nicht auf dem Cover abgebildet wird. Wo würdest du sie einfügen?

Zeichne die Mutter in das Cover von Aufgabe 1.

Gestalte dein eigenes Cover. Passt es zum Titel und zum Klappentext?

4. Informiere dich über die Autorin Susin Nielsen. Warum und wozu hat sie den Roman geschrieben?

Informationen über Susin Nielsen findest du unter → **i.1** oder auf: susinnielsen.com (Stand: Juni 2024). Ziehe auch die Widmung (S. 5) und die Danksagung (S. 275–278) heran.

5. Schneide das Zeilometer (→ **k.1**) aus.

»Adresse unbekannt« im Unterricht © Beltz Verlag · Weinheim und Basel

Ohne festen Wohnsitz (1)

1. Schreibe folgende Inhaltsangabe in dein Heft und ergänze die Lücken. Wie stellst du dir Felix vor?

Die Lückenwörter bestehen aus folgenden Silben:
an – As – cken – Fak – Fred – Kä – Knuts – Lo – rik – Schlaf – se – sitz – son – ten – trid – Wohn – zwölf – zug

Im ersten Kapitel des Romans spricht der ________ Jahre alte Felix ____________________ mit der Polizistin Constable Lee auf einer Polizeiwache. Felix hat blonde ____________________, trägt einen uralten ____________________ und wirkt verunsichert. Er erfährt, dass ihre Unterredung nicht aufgezeichnet wird und dass er eigentlich nichts falsch gemacht hat. Felix gibt preis, dass er und seine Mutter ____________________ ohne festen ____________________ sind, was ihm große Angst bereitet, da er diese Tatsache geheim halten sollte. Hungrig und unsicher öffnet sich Felix nach und nach gegenüber Constable Lee. Als sie ihm Chips anbietet, deren Geschmack nach ____________________ Felix liebt, erzählt er ihr schließlich von den Plänen, durch eine Quizshow an Geld zu kommen, um umziehen zu können. Denn Felix hat ein Talent: Er hortet ____________________ wie ein Eichhörnchen.

2. Lies folgendes Zitat. Wo endet die Rahmenhandlung und wo beginnt die Binnenerzählung? Und welchen Zeitraum umfasst die Binnenerzählung überhaupt?

Info

Rahmenhandlung und **Binnenerzahlung** sind Erzähltechniken, die oft in der Literatur verwendet werden, um Geschichten innerhalb von Geschichten zu erzählen. Die Rahmenhandlung ist die äußere Geschichte, die den Rahmen für die eigentliche Erzählung bildet. Sie gibt den Leserinnen und Lesern Hintergrundinformationen, um die Binnenerzählung besser zu verstehen. Die Binnenerzählung ist die innere Geschichte, die innerhalb der Rahmenhandlung erzählt wird. Sie ist oft der wichtigste Teil der Erzählung, auf den die Aufmerksamkeit der Leserinnen und Leser gelenkt wird. Diese innere Geschichte kann eine Rückblende oder die Erzählung einer Figur sein, die in die Rahmenhandlung eingebettet ist.

»Erzähl mir mehr darüber.«
»Über die Sendung?«
Constable Lee legte die Füße auf ihren Schreibtisch. »Über alles.«
Ich musterte sie. Mein S. H. I. T. sagte mir, dass sie ein anständiger Mensch war. Vielleicht erkannte sie ja, dass wir nichts falsch gemacht hatten, wenn sie die Wahrheit wusste.
Also schüttete ich mir ein paar Cheezies in den Mund.
Dann erzählte ich Constable Lee die Wahrheit und nichts als die Wahrheit.
Wir haben nicht immer im Minibus gewohnt. Das fing erst vor vier Monaten an. (S. 12 f.)

»Adresse unbekannt« im Unterricht © Beltz Verlag · Weinheim und Basel

Ohne festen Wohnsitz (2)

3. Vervollständige folgendes Pfeildiagramm. Auf welchem Weg wird Felix obdachlos?

Tipp: Ziehe dazu das Kapitel »Eine kurze Geschichte unserer Wohnsitze« (S. 13–25) heran. Informationen über Obdachlosigkeit findest du im Roman auch auf S. 279.

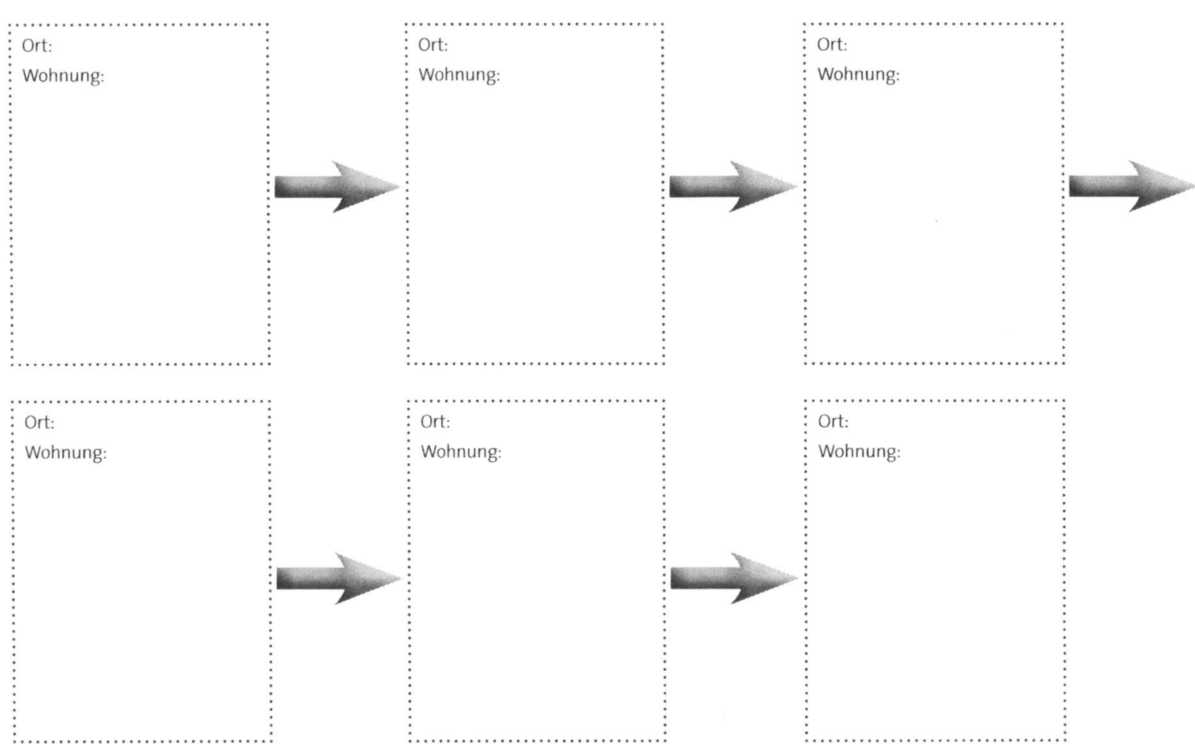

4. Kreuze an. Aus welchen Gründen gerät Felix in die Obdachlosigkeit?

- ☐ Arbeitslosigkeit
- ☐ Familienkonflikte
- ☐ Gesundheitsprobleme
- ☐ Haftstrafen
- ☐ Mangel an bezahlbarem Wohnraum
- ☐ Mangel an sozialer Unterstützung
- ☐ Naturkatastrophen
- ☐ Schulden
- ☐ Suchtprobleme
- ☐ Trennung oder Scheidung

Tipp: Ziehe dazu folgende Seiten heran: S. 17 f., S. 24.

für Profis: Wäge ab, ob es sich beim Leben im Bus um eine Art gewünschtes oder verwünschtes »Inseldasein« handelt.

»Adresse unbekannt« im Unterricht © Beltz Verlag · Weinheim und Basel

»Wir machen uns auf zu unserem Roadtrip« (1)

1. Übertrage folgende Liste in dein Heft und ergänze sie. Was hättest du eingepackt?

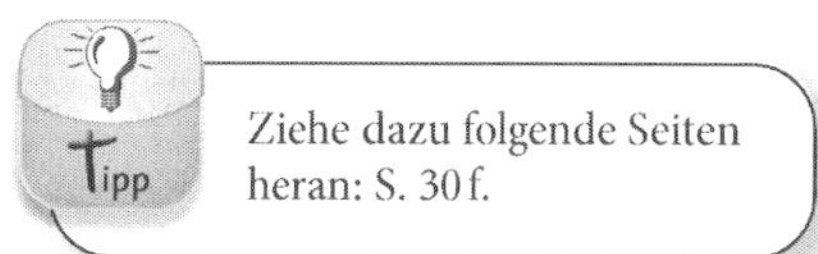

Packliste

Benutze ich das jeden Tag?	Habe ich das Gefühl, ohne dies nicht leben zu können?	
Astrid und Felix	Astrid	Felix
Teller Schüsseln …	Bücher …	…

für Profis: Zeichne das Innere des Minibusses. Warum ist der Minibus »kein Kleinbus für Muttis« (S. 29)?

2. Beschrifte folgenden Stadtplan von Vancouver. Wohin fahren Felix und Astrid im August?

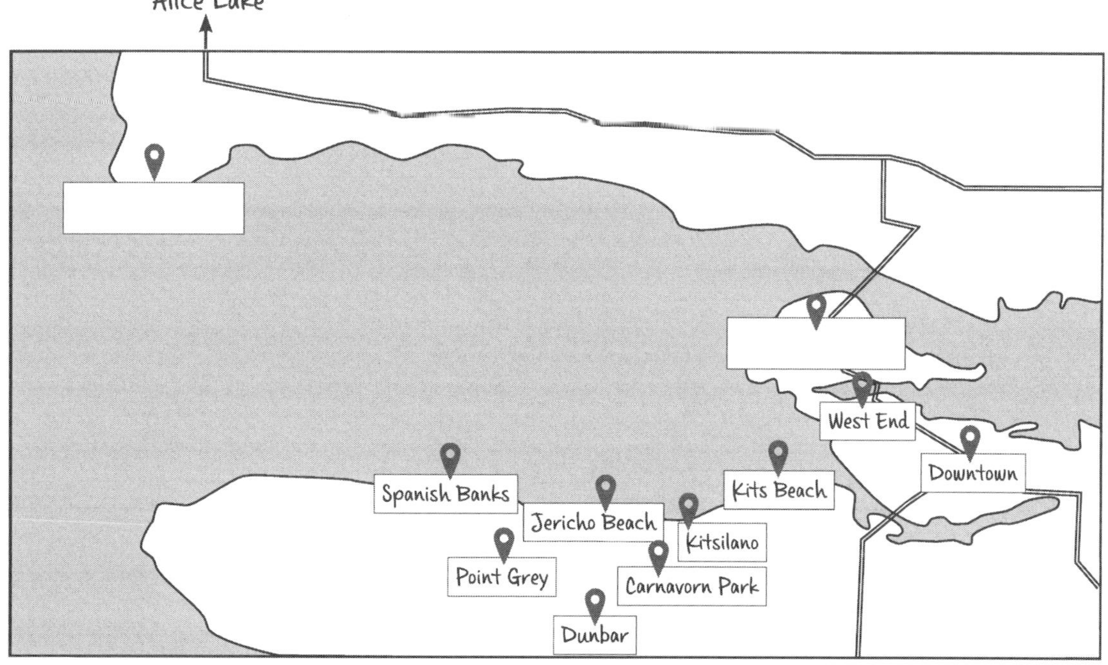

»Adresse unbekannt« im Unterricht © Beltz Verlag · Weinheim und Basel

»Wir machen uns auf zu unserem Roadtrip« (2)

3. Verbinde folgende Charaktereigenschaften mit dem jeweils richtigen Beispiel. Welches Bild bekommst du von Astrid?

einfallsreich ●	● Astrid entscheidet sich dafür, in einem Minibus zu wohnen, als sie keine andere Bleibe findet.
einnehmend ●	● Astrid ermahnt Felix, Polizisten zu meiden und vorsichtig gegenüber offiziellen Stellen zu sein.
entschlossen ●	● Astrid findet trotz des Verlustes ihrer Wohnung und Arbeit immer wieder Wege weiterzumachen.
fürsorglich ●	● Astrid hat keine feste Bindungen an Orte oder Personen und lebt ihr Leben nach ihren eigenen Regeln.
misstrauisch ●	● Astrid macht sich Sorgen um Felix' Sicherheit und Wohlbefinden.
unabhängig ●	● Astrid schließt schnell Freundschaften und macht in verschiedenen Städten immer wieder neue Bekanntschaften.
verletzlich ●	● Astrid täuscht andere öfter oder enthält ihnen wichtige Informationen vor.
verlogen ●	● Astrid versucht trotz des chaotischen Lebensstils, Felix ein Gefühl der Geborgenheit zu vermitteln.

4. Entwirf einen Dialog zu einem der folgenden Kärtchen. Wie bewertet Felix die Lügen und warum verwendet Astrid die Lügen vielleicht so oft?

> **Tipp** Teilt die Klasse in fünf Gruppen ein. Jede Gruppe bekommt eine Lügenart zugewiesen. Jede Gruppe schreibt einen Dialog, in dem ihre zugewiesene Lügenart eine zentrale Rolle spielt. Der Dialog sollte klar zeigen, warum die Lüge genutzt wird und welche Konsequenzen sie hat. Die Gruppen tragen ihre Dialoge vor. Nach jedem Vortrag wird kurz darüber gesprochen, wie die jeweilige Lügenart dargestellt wurde, welche Wirkung die Lüge in der Geschichte hatte und ob die Gruppe ihre Einstellung zur Lügenart geändert hat.

Unsichtbare Lüge

Tut-keinem-weh-Lüge

Beschönigungslüge

Gib-dem-Frieden-eine-Chance-Lüge

Jemand-könnte-ein-Auge-verlieren-Lüge

»Adresse unbekannt« im Unterricht © Beltz Verlag · Weinheim und Basel

»Wow! Das hat mir also gefehlt!«

Felix zeichnet das Anfreunden mit Dylan und Winnie nach …

1. Beantworte die Fragen. Die 10 markierten Buchstaben beantworten die Frage: Seit wann ist Dylan mit Felix befreundet?

1. Wie viele Schwestern hat Dylan? _ _ _ _
2. Wie heißt Dylan mit Nachnamen? _ _ _ _ _ _ _ _ _ _ _ _ _ (1)
3. Was trägt Dylan im Gesicht? _ _ _ _ _ _ _ _ _ _ _ _ (3, 5)
4. Wie ist Dylans T-Shirt? _ _ _ _ _ _ _ _ _ _ _ (4)
5. Wo arbeitet Dylan mit? _ _ _ _ _ _ _ _ _ _ _ _ _ _ _ _ _ (2)
6. Welches Haustier hat Dylan? _ _ _ _ _ _ (6)
7. Welche Klasse besucht Dylan? _ _ _ _ _ _ _ (9)
8. Wie heißt Dylans Hausgeist? _ _ _ _ _ _ _ _ (8, 7)
9. Wie heißt Dylans Schule? _ (10)
10. Wo wohnt Dylan? _ _ _ _ _ _ _ _ _ _ _

2. Lies folgendes Zitat und markiere die direkte Anrede. Warum verwendet Felix die Anrede hier? Und was genau hat Felix gefehlt?

> Es war himmlisch. Kennen Sie das, dass Sie manchmal nicht wissen, wie sehr Sie etwas vermisst haben, bis Sie es wiederkriegen? So ging es mir mit der Tatsache, wieder einen Freund zu haben. Es war so, wie wenn man lange unscharf sieht, dann gibt einem jemand eine Brille und man schaut die Welt um sich herum an und sagt: »Wow! Das hat mir also gefehlt!« (S. 63)

3. Beschreibe Winnie in einem Steckbrief. Würdest du sie kennenlernen wollen?

Methode: Der **Steckbrief** ist die stichwortartige Beschreibung einer Figur zur besseren Übersicht. Sammle in den Kategorien »Wohnort«, »Alter«, »Aussehen«, »Kleidung«, »Schule«, »Familienmitglieder«, »Intimfeind«, »Hobby«. Ziehe dazu folgende Seiten heran: S. 57, 66, 68, 76, 82.

für Profis: Erläutere, wie, von wem und warum Winnie gemobbt wird. Was könnte sie dagegen tun? Informationen über Mobbing findest du im Internet auf: kinder.wdr.de/tv/neuneinhalb/sendungen/gesellschaft-und-medien/sendung-gemeinsam-gegen-mobbing-was-jeder-von-uns-tun-kann-100.html (Stand: Juni 2024).

4. Entwirf einen Tagebucheintrag. Wie nimmt Winnie Dylan und Felix wahr?

»Adresse unbekannt« im Unterricht © Beltz Verlag · Weinheim und Basel

So nennt sie das: Krisen

1. Welche Antworten sind richtig? Kreuze an.

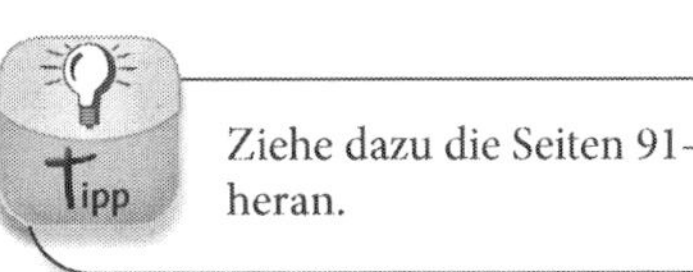

1. Warum nennt Astrid ihren Sohn Felix?
   - [A] Um ihn nach ihrem verstorbenen Bruder zu benennen.
   - [B] Weil sie den Namen mag und ihn für passend hält.
   - [C] Auf Wunsch ihrer Mutter, um das Familienandenken zu bewahren.

2. Wie stand Astrid zu ihrem Bruder?
   - [A] Sie hatten ein angespanntes Verhältnis.
   - [B] Sie standen sich sehr nahe.
   - [C] Sie hatten kaum Kontakt.

3. Warum hatte Astrids Bruder oft Probleme mit seinem Vater?
   - [A] Weil sein Vater streng religiös und gewalttätig war.
   - [B] Weil ihr Bruder seine Pflichten im Haushalt vernachlässigte.
   - [C] Weil ihr Bruder mit sechzehn auszog.

4. Wie reagierte Astrid auf den Tod ihres Bruders?
   - [A] Sie verarbeitete den Verlust schnell und ohne Probleme.
   - [B] Sie hatte große Schwierigkeiten und entwickelte eine Depression.
   - [C] Sie sprach nie wieder über ihn.

5. Was tut Astrid während einer Krise?
   - [A] Sie bleibt den ganzen Tag im Bett.
   - [B] Sie unternimmt lange Spaziergänge.
   - [C] Sie geht zur Arbeit, obwohl es ihr schlecht geht.

6. Warum will Astrid nicht, dass andere von ihrer Situation erfahren?
   - [A] Sie hat Angst, dass sie und Felix getrennt werden.
   - [B] Sie schämt sich für ihre finanzielle Situation.
   - [C] Sie will niemanden belasten.

Astrid bekommt normalerweise Medikamente gegen ihre Depression (Antidepressiva). Warum verzichtet sie zwischenzeitlich darauf? Ziehe dazu die Seite 167 heran.

2. Erkläre Depressionen in einem Flyer. Was würdest du Felix raten?

Info

Informationen über Depressionen findest du im Internet zum Beispiel auf: www.zeit.de/wissen/gesundheit/2016-05/depression-eltern-kinder-alltag-familie-angehoerige (Stand: Juni 2024). Du kannst in deinem Flyer folgende Fragen klären: Was ist eine Depression? Wie beeinflusst eine Depression das Familienleben insbesondere für Kinder? Welche Rolle übernehmen Kinder in Familien mit einem depressiven Elternteil? Wo können betroffene Kinder Hilfe finden? Wie können Kinder gestärkt werden, die mit einem depressiven Elternteil leben? Was können Familienangehörige tun, um Kindern in dieser Situation zu helfen? Warum ist es wichtig, in Familien offen über Depressionen zu sprechen?

3. Prüfe folgende Textstellen: S. 143 ff. und S. 153 ff. Warum streiten sich Felix und Winnie und wie versöhnen sie sich wieder?

4. Gestalte eine Fieberkurve (rechts: Ereignisse, oben: Gefühle). Wie kommen sich Felix und Winnie näher?

»Adresse unbekannt« im Unterricht © Beltz Verlag · Weinheim und Basel

Aber sie waren keine guten Eltern

1. Ergänze folgende Satzanfänge. Welches Bild gewinnst du von Daniel?

Tipp
Verwende dazu folgende Satzenden:
alle Krisen gemeinsam durch. (S. 170) • Astrid und flippt aus. (S. 171) • illegal in einem Lagerhaus. (S. 169) • jünger als Astrid. (S. 169) • nach Cabbagetown, Toronto. (S. 170) • of Art and Design, Toronto. (S. 169) • um eine Samenspende gebeten. (S. 172) • und passt auf Hunde auf. (S. 180) • und schwarze Lederjacke. (S. 177) • und seine Mutter aus Paris. (S. 178)

Daniel arbeitet als Barkeeper, malt Theaterkulissen …

Daniel entdeckt Yves' Schal bei …

Daniel ist zwei Jahre …

Daniel steht mit Astrid …

Daniel trägt schwarze Jeans …

Daniel trifft Astrid am Ontario College …

Daniel und Astrid wohnen …

Daniel wird von Astrid …

Daniel zieht zu Yves …

Daniels Dad stammt aus Haiti …

2. Erkläre folgendes Zitat (S. 182): »Astrid und Daniel waren tolle Menschen, aber sie waren keine tollen Eltern.« Was macht tolle Eltern aus?

3. Schreibe zu einer der folgenden Situationen einen inneren Monolog. Was sind Daniels Gefühle und Gedanken?

Ziehe dazu folgende Seiten heran: S. 170–174.

~~Kennenlernen von Astrid~~ • Umzug ins Lagerhaus • Zeit der Partys • Astrids Zusammenbrüche • Beziehung mit Yves • Vorfall mit dem Wein/Schal • Wiederbegegnung mit Astrid • Bitte um Samenspende • Geburt von Felix • Moment vor dem Brunch • Rückblick auf die Karriere • Bewerbungsgespräch in Vancouver

Kennenlernen von Astrid:

Als ich Astrid das erste Mal am Ontario College of Art and Design in Toronto sah, wusste ich sofort, dass sie anders war. Ihre Energie, ihre Leidenschaft: Sie hatte etwas Magisches an sich. Ich war neugierig und fühlte mich sofort zu ihr hingezogen.

4. Entwirf einen Dialog. Was hätte Felix Daniel erzählt, wenn sie nicht unterbrochen worden wären?

Felix *(nachdem Quentin weggegangen ist)*: Daniel, ich muss dir etwas Wichtiges erzählen. Es geht um Astrid und mich.

Daniel: Was ist los, Felix? Du kannst mir alles sagen.

Felix: …

»Adresse unbekannt« im Unterricht © Beltz Verlag · Weinheim und Basel

Konfetti fielen auf die Bühne

Felix stellt seine Teilnahme an der Quizshow dar …

1. Beantworte folgende W-Fragen zur Quizshow. Fallen dir weitere W-Fragen ein?

- Wer nimmt an der Quizshow teil?
- Was können Teilnehmende gewinnen?
- Wo findet die Quizshow statt?
- Wann findet die Quizshow statt?
- Wie können Interessenten teilnehmen?
- Warum will Felix teilnehmen?

für Profis: Erkläre, warum Felix sein Haustier »Horatio« nennt. Inwiefern handelt es sich dabei um eine Personifikation (Symbol, Metapher, Vergleich)? Ziehe dazu folgende Seite heran: S. 148.

2. Entscheide, welche der folgenden Aussagen richtig oder falsch sind, und ergänze die Textstelle (Seite/Zeile). Warum gesteht Felix die lange verschwiegene Wahrheit jetzt?

Tipp: Ziehe dazu folgende Seiten heran: S. 255–258.

Aussage	r/f	Textstelle
Felix lebt vor dem Sieg in einem gestohlenen Bus.		
Felix kann seine Freude über den Sieg sofort in Worte fassen.		
Felix ist überzeugt, dass sein Leben für immer verändert sein wird.		
Felix' erster Gedanke ist, dass es ihm und seiner Mutter gut gehen wird.		
Felix erfährt, dass er das Preisgeld nach der Show bekommt.		
Felix wird vom Moderator wegen des Preisgelds bedauert.		
Felix bricht live im Fernsehen in Tränen aus.		
Felix wird mit einer Mischung aus Stolz und Freude angeschaut.		
Felix verlässt das Gebäude fluchtartig durch einen Notausgang.		
Felix ist am Ende des Tages glücklich, als er ins Hotel zurückkehrt.		

3. Vergleiche folgende Zitate. Was wird hier an den Medien kritisiert?

- Horatio Blass schüttelte jedem von uns die Hand, … (S. 247)
- »Hehe, aber mein Junge, …« (S. 256)
- Ich hörte jemanden »Cut!« brüllen. … (S. 257)
- Ich nötigte meine Mom, … (S. 259)
- Seit dem Finale … (S. 269)

4. Projekt: Führt eure eigene Quizshow durch. Wer gewinnt »Wer, Was, Wo, Wann«?

Tipp: Sammelt alle Quizfragen aus dem Roman. Erstellt daraus Frage-Antwort-Kärtchen. Testet euer (Lektüre-)Wissen wie im Roman! Ihr könnt auch weitere Fragen ergänzen oder eigene Fragen erfinden.

»Adresse unbekannt« im Unterricht © Beltz Verlag · Weinheim und Basel

Adresse unbekannt II

Der Protagonist Felix beschließt seine Geschichte …

1. Lies folgendes Zitat. Wo endet dieses Mal die Binnenerzählung und wo beginnt die Rahmenhandlung? Wie landet Felix also auf der Polizeiwache?

> Mein Handy fiel auf meinen Schoß.
> Na ja, vielleicht ist es ja auch nur durch das Schaukeln aus meinem Bett gefallen.
> Aber ich ziehe es vor zu glauben, dass es Mel war.
> Er schaute mich mit seinen Knopfaugen an und ich wusste genau, was zu tun war.
> Ich rief die 911 an.
> »Sie und Ihr Partner kamen fünf Minuten später, Constable Lee. Und anstatt die Bösen zu verhaften, haben Sie uns festgenommen. Und hier sind wir nun.« Ich schwenkte den Arm in die Runde, um auf das Polizeibüro zu deuten.
> Constable Lee nahm die Füße vom Schreibtisch und beugte sich zu mir vor. Ihre Augen waren feucht und mein S. H. I. T. sagte mir, dass ich sie entweder traurig gemacht hatte oder sie an einer Allergie litt.
> »Das war eine unglaubliche Geschichte, Felix. Es tut mir wirklich leid, was du und deine Mom alles durchmachen musstet.« (S. 224 f.)

2. Ordne der Rahmenhandlung und der Binnenerzählung passende Spannungsfragen zu. Bleibt am Ende eine Frage offen?

Info

Spannungsfragen oder offene Fragen zielen in einem Roman darauf ab, Interesse und Neugier der Leserinnen und Leser zu wecken – sie sind »gespannt« auf die Antworten. Eine mögliche Spannungsfrage könnte sein: Wie gerät Felix auf die Polizeiwache?

3. Entwirf einen neuen Klappentext. Welche Informationen würdest du ergänzen?

Methode

Der **Klappentext** eines Romans gibt erste Hinweise zum Schauplatz, zu den Figuren und zur Handlung. Er ist kurz gehalten und spannend geschrieben. Davor steht oft ein Zitat aus dem Roman und danach kommt häufig der Kommentar einer berühmten Persönlichkeit zum Roman. Je größer der Anreiz ist, das Buch nach dem Lesen des Klappentextes auch zu kaufen, desto besser ist der Klappentext.

4. Nimm Stellung zur (Begründung der) Nominierung des Romans für den Deutschen Jugendliteraturpreis. Wie bewertest du selbst den Roman?

Methode

Bewerte den Roman mithilfe der **Fünf-Finger-Methode.** Hebe eine Hand und gib pro Finger deine Meinung zu bestimmten Kriterien ab.

Daumen: Das fand ich top.
Zeigefinger: Darauf möchte ich hinweisen.
Mittelfinger: Das hat mir gestunken.
Ringfinger: Das war besonders berührend.
Kleiner Finger: Das kam mir zu kurz.

Tipp

Die Begründung findest du im Internet auf: www.jugendliteratur.org/buch/adresse-unbekannt-4245 (Stand: Juni 2024).

»Adresse unbekannt« im Unterricht © Beltz Verlag · Weinheim und Basel

Lösungsvorschläge

1. Bus: Obdachlosigkeit, Haustier
   Zwerg: Freundschaft,
   aufgestützter Kopf: Depression etc.
2. alleinerziehende Mutter – Sohn, Obdachlosigkeit
3. unterwegs für Besorgungen etc.

1. zwölf, Fredrik Knutsson, Locken, Schlafanzug, Astrid, Wohnsitz, Käse, Fakten
2. ... nichts als die Wahrheit | Wir haben nicht immer ...
   PROFI S.H.I.T. = Super Herausragendes Inspektionstalent, Deutsch: Mist, humorvolle Beschreibung für Felix' innere warnende Stimme, immer wenn es brenzlig wird
3. → u.3/Themen
4. hier v.a. Arbeitslosigkeit, Naturkatastrophen, weitere Gründe diskutabel

1. Teller, Schüsseln, Besteck, Gläser, Tassen, Topf, Bratpfanne, Kochutensilien, Spülmittel, Spüllappen, Shampoo, Deo, Zahnbürsten, Zahnpasta, Erste-Hilfe-Set, Taschenlampe, Stirnlampen, Bettwäsche, Kissen, Schlafsäcke, Handtücher, Kleidung;
   Astrid: Bücher, Trivial-Pursuit-Spiel, Zeichenstifte, Farben, Staffelei, Skizzenbücher;
   Felix: Horatio, Vis-à-Vis-Bücher, »Geschichten aus dem Mumintal«, Mel
2. → u.3/Erzähltechnik
3. **einfallsreich:** Astrid entscheidet sich dafür, in einem Minibus zu wohnen, als sie keine andere Bleibe findet.
   einnehmend: Astrid schließt schnell Freundschaften und macht in verschiedenen Städten immer wieder neue Bekanntschaften.
   entschlossen: Astrid findet trotz des Verlustes ihrer Wohnung und Arbeit immer wieder Wege weiterzumachen.
   fürsorglich: Astrid versucht trotz des chaotischen Lebensstils, Felix ein Gefühl der Geborgenheit zu vermitteln.
   misstrauisch: Astrid ermahnt Felix, Polizisten zu meiden und vorsichtig gegenüber offiziellen Stellen zu sein.
   unabhängig: Astrid hat keine feste Bindungen an Orte oder Personen und lebt ihr Leben nach ihren eigenen Regeln.
   verletzlich: Astrid macht sich Sorgen um Felix' Sicherheit und Wohlbefinden.
   verlogen: Astrid täuscht andere öfter oder enthält ihnen wichtige Informationen vor.

1. 1. zwei, 2. Brinkerhoff, 3. Zahnspange, 4. gestreift, 5. Schülerzeitung, 6. Katze, 7. sieben, 8. Bernard, 9. Blenheim Public School, 10. Kitsilano; Lösung: KLASSE DREI
2. Sie (4x)
3. → u.3/Figuren
   PROFI: Wie? Mütze als Frisbee; Von wem? Mitschüler Donald; Warum? zu auffällig/schwach/strebsam etc.

1. 1A, 2B, 3A, 4B, 5A, 6A
   PROFI: Geldmangel
3. Felix ist genervt und Winnie bemerkt das nicht, Felix geht auf Winnie zu und entschuldigt sich
4. → u.3/Themen

1. Daniel arbeitet als Barkeeper, malt Theaterkulissen und passt auf Hunde auf. Daniel entdeckt Yves' Schal bei Astrid und flippt aus. Daniel ist zwei Jahre jünger als Astrid. Daniel Palanquet trifft Astrid am Ontario College of Art and Design, Toronto. Daniel steht mit Astrid alle Krisen gemeinsam durch. Daniel trägt schwarze Jeans und schwarze Lederjacke. Daniel und Astrid wohnen illegal in einem Lagerhaus. Daniel wird von Astrid um eine Samenspende gebeten. Daniel zieht zu Yves nach Cabbagetown, Toronto. Daniels Dad stammt aus Haiti und seine Mutter aus Paris.
2. als Menschen tolerant und liberal, als Eltern überfordert und chaotisch etc.
   PROFI: Flirt, Homosexualität

1. Wer? v.a. Felix, Freddie, Azar, Helen; Was? 25.000 Dollar; Wo? CBC-Gebäude in Downtown; Wann? ab dem 28. November; Wie? Bewerbung – Vorsprechtermin – Vorrunde; Warum? Wohnung finanzieren können
   PROFI: → u.3/Stilmittel
2. falsch, S. 265/Z. 1 f.; falsch, S. 255/Z. 21; richtig, S. 255/Z. 27; richtig, S. 255/Z. 27; falsch, S. 256/Z. 9 ff.; falsch, S. 256/Z. 15; richtig, S. 256/Z. 24; falsch, S. 257/Z. 21; richtig, S. 257/Z. 29; falsch, S. 258/Z. 3
3. → u.4/Deutungsperspektiven

1. ... rief die 911 an. | »Sie und Ihr Partner kamen ...«
2. → u.3/Spannungsbögen

»Adresse unbekannt« im Unterricht © Beltz Verlag · Weinheim und Basel